001wr Abb.: rh

Rainer Höh

Clever reisen mit dem Wohnmobil

„Ich musste alleine reisen und ich musste
unabhängig sein, wie eine Schildkröte,
die ihr Haus auf dem Rücken trägt"

John Steinbeck (1902–1968)

Impressum

Wir freuen uns über Kritik, Kommentare und Verbesserungsvorschläge.

Alle Informationen in diesem Buch sind vom Autor mit größter Sorgfalt gesammelt und vom Lektorat des Verlages gewissenhaft bearbeitet und überprüft worden.

Da inhaltliche und sachliche Fehler nicht ausgeschlossen werden können, erklärt der Verlag, dass alle Angaben im Sinne der Produkthaftung ohne Garantie erfolgen und dass Verlag wie Autor keinerlei Verantwortung und Haftung für inhaltliche und sachliche Fehler übernehmen.

Die Nennung von Firmen und ihren Produkten und ihre Reihenfolge sind als Beispiel ohne Wertung gegenüber anderen anzusehen. Qualitäts- und Quantitätsangaben sind rein subjektive Einschätzungen des Autors und dienen keinesfalls der Bewertung von Firmen oder Produkten.

Rainer Höh
Clever reisen mit dem Wohnmobil
erschienen im
REISE KNOW-HOW Verlag Peter Rump GmbH, Bielefeld
Osnabrücker Straße 79, 33649 Bielefeld

Herausgeber: Klaus Werner

2., aktualisierte Auflage 2006

Gestaltung
Umschlag: G. Pawlak, P. Rump (Layout), K. Werner (Realisierung)
Inhalt: G. Pawlak (Layout), K. Werner (Realisierung)
Fotos: siehe Bildnachweis S. 159

Druck und Bindung
J. P. Himmer GmbH & Co. KG, Augsburg

ISBN-10: 3-8317-1177-1
ISBN-13: 978-3-8317-1177-2
Printed in Germany

Dieses Buch ist erhältlich in jeder Buchhandlung Deutschslands, Schweiz und Niederlande sowie Österreichs und Belgiens. Bitte informieren Sie Ihren Buchhändler über folgende Bezugsadressen:

Deutschland
Prolit GmbH, Postfach 9, D–35461 Fernwald (Annerod)
sowie alle Barsortimente
Schweiz
AVA-buch 2000, Postfach 27, CH–8910 Affoltern
Österreich
Mohr Morawa Buchvertrieb GmbH
Sulzengasse 2, A–1230 Wien
Niederlande, Belgien
Willems Adventure
Postbus 403, NL–3140 AK Maassluis

Wer im Buchhandel trotzdem kein Glück hat, bekommt unsere Bücher auch direkt über unseren **Büchershop im Internet: www.reise-know-how.de**

Rainer Höh

Clever reisen mit dem Wohnmobil

Inhalt

Checklisten und Exkurse

Vorwort

Das Wohnmobil ist für viele die Verkörperung ihres Traums vom modernen Nomadentum und Inbegriff der „großen Freiheit“. Tatsächlich bietet dieses mobile Zuhause die ideale Basis, um völlig frei und ungebunden unterwegs zu sein – ganz autark und von nichts und niemandem abhängig. Wer würde davon nicht träumen?

Dank seiner Vielseitigkeit und einer breiten Palette von Modellen eignet sich das Wohnmobil für anspruchslose Weltenbummler ebenso wie für luxusverwöhnte Manager, für Einzelreisende ebenso wie für Familien mit Kindern, für aktive Outdoor-Fans genauso wie für passionierte Stadtbummler, für Wochenend- und für Langzeit-Urlauber und für junge Erwachsene ebenso wie für Rentnerpaare.

Wohnmobil oder Reisemobil?
Manche bevorzugen den Begriff „Reisemobil“, weil sie mehr Wert auf den Aspekt des Reisens legen als auf den des Wohnens (wobei das Reisen ja bereits durch den Wortteil „mobil“ ausgedrückt ist) – andere hingegen bezeichnen mit „Reisemobil“ nur einfache Campingbusse mit geringem Wohnkomfort. Im vorliegenden Buch werden beide Begriffe als gleichbedeutend behandelt.

Aber kann man sich solch ein teures Fahrzeug überhaupt leisten? Rechnen sich Kauf oder Miete – oder ist ein Hotelurlaub billiger? Und wie sieht es mit den Nachteilen aus?! Ist es nicht furchtbar eng mit der ganzen Familie in solch einer „1-Zimmer-Kiste“? Wie ist solch ein „rollendes Haus“ zu fahren, wenn man bisher nur einen Kleinwagen gewöhnt ist? Wird man damit in verwinkelten Altstädten nicht schlicht stecken bleiben? Ist es nicht gefährlich, in freier Natur zu übernachten? Und wie ist das mit der Autarkie? Wie lang reichen Strom und Wasser? Wie schnell ist die Toilette voll? Wo kann man Wasser nachfüllen – und entleeren? Und ist das alles dann noch Urlaub – oder artet es schon wieder in Arbeit aus?!

Tausend Fragen stellen sich dem Neuling. Das Wohnmobil-Reisen lockt mit Freiheit und Unabhängigkeit – schreckt aber zugleich wegen der möglichen Kosten, des Aufwands und der Ungewissheit oder gar Unsicherheit, die mit dieser Freiheit verbunden sein könnten. Ein bisschen muss man sich wohl vorbereiten und das eine oder andere sollte man schon wissen, um eine teuere Fehlinvestition oder einen verpatzten Urlaub zu vermeiden.

Genau dabei soll das vorliegende Büchlein Ihnen helfen. Es gibt Ihnen Tipps zu Kauf oder Miete im In- und Ausland, berät Sie beim Einrichten und Ausstatten des eigenen Reisemobils, informiert über nützliches Zubehör und richtiges Beladen, gibt Ihnen praktische Checklisten an die Hand und enthält alle erforderlichen Hinweise für eine gelungene Reise: Tipps zum Fahrverhalten und zu Pausen, zur Benutzung von Fähren und zum Übernachten (sei es auf dem Campingplatz oder in freier Natur); es klärt alle Fragen zur Ver- und Entsorgung und zur Sicherheit unterwegs und enthält ausführliche Hinweise zum Wintercamping und zum Fahren in schwierigem Gelände. Darüber hinaus enthält es eine Info-Tabelle zu den wichtigsten Reiseländern, eine Auswahl der schönsten Routenvorschläge und eine Fülle nützlicher Adressen.

Zwanzig Jahre intensiver Erfahrung mit Wohnmobil-Reisen (beruflich und privat, allein und mit Familie, im Süden und im Norden, in Städten und am Strand) sind hier kompakt, übersichtlich und anschaulich dargestellt. Ein praktisches Büchlein, das man vorher lesen und zum Nachschlagen für unterwegs mitnehmen kann, damit die Wohnmobil-Reise von Anfang an zu einem Erlebnis wird – und nicht zu einem (vielleicht kostspieligen!) Reinfall.

Gute Reise!

Rainer Höh

002wr Abb.: rh

▶ *Südsee? Nein, Bucht bei Rosquill, Irland*

Grundsätzliches

Vor- und Nachteile des Wohnmobils

Zugegeben: Eine Wohnmobil-Reise macht mehr „Arbeit“ als ein Hotelurlaub und vielleicht ist sie sogar teurer als eine Mietwagen-/Hotel-Reise. Was also spricht dafür? Eine ganze Menge! Allem voran, dass es wohl keine ungebundenere und naturnahere Art des Reisens gibt, wenn man größere Strecken zurücklegen und auf Komfort nicht ganz verzichten will. Wer sich für die Übernachtung in Motels entscheidet, muss jeden Abend eine Stadt ansteuern, ein Zimmer finden und sein Gepäck hineinschleppen. Zumindest in der Hauptsaison sollte jede Übernachtung vorausgebucht werden und damit ist man sklavisch an seinen Routen- und Zeitplan gebunden. Keine Möglichkeit, an einem Ort einmal länger zu bleiben, weil's dort so schön ist. Keine Chance, einen längeren Abstecher zu machen, weil Überraschendes lockt. Und abends sitzt man dann möglicherweise noch in einem öden Zimmer. Der Reisemobilist hingegen steht just zur gleichen Zeit in malerischer Berg- oder Waldlandschaft an einem Seeufer und erlebt einen malerischen Sonnenuntergang, lernt andere Camper kennen und brutzelt auf dem Grill seine Abendmahlzeit. Genau das, was die Faszination des Reisens ausmacht – ungebunden sein, nahe an der Natur und den Menschen und offen für die Verlockungen des Neuen –, dafür steht das Wohnmobilreisen.

Hinzu kommen praktische Überlegungen: Im Wohnmobil hat man alles dabei, was man braucht, und ist überall und jederzeit zu Hause. Hat man Hunger, so muss man kein Restaurant suchen, sondern kocht sich in schönster Natur mit Blick auf Berge oder Meer das, worauf man gerade Appetit hat (und spart obendrein eine Menge Geld!). Hat man genug gesehen und ist müde, so muss man nicht bis zum gebuchten Motel fahren, sondern steuert lediglich den nächsten Campingplatz an oder übernachtet auf einem Parkplatz in freier Natur. Unterwegs kann sich der Reisemobilist jederzeit seinen Snack oder ein erfrischendes Getränk aus dem Kühlschrank holen, während andere noch am Kiosk Schlange stehen und x-mal so viel bezahlen. Haben sich die Kinder mit dem Eis bekleckert – kein Problem: Waschraum und Dusche sind an Bord. Fahrrad oder Kanu kann man mitnehmen und muss nicht lange nach einem Vermieter suchen. Und „last but not least“: Auch zur nächsten Toilette hat der Reisemobilist nie mehr als einige Schritte zu bewältigen – was vor allem bei Reisen mit Kindern ein nicht zu unterschätzender Vorteil ist!

007wr Abb.: rh

Gewiss: Ein Wohnmobil-Urlaub ist nicht billig – und auch nicht jedermanns Sache. Die Faszination ist groß, aber die Kosten sind es auch. Da lohnt es sich, vorher zu überlegen, sonst riskiert man eine Fehlinvestition in 5-stelliger Höhe! Ist man überhaupt ein „Wohnmobil-Typ“ (oder wäre man besser mit Hotel oder Wohnwagen bedient)? Und falls ja – welche Art von Wohn- oder Reisemobil ist die richtige?

Camper oder nicht?

Um herauszufinden, ob ein Wohnmobil das Richtige für Sie ist, müssen zunächst einige Fragen geklärt sein. Dabei gilt: Wer sich für Camping nicht begeistern kann, sollte sich ein Wohnmobil lieber aus dem Kopf schlagen. Trotz des höheren Komforts bleibt Wohnmobilurlaub auch Campingurlaub. Stellen Sie sich – und allen, mit denen Sie Urlaub machen wollen – folgende Fragen:

- Sollte Urlaub gleich Nichtstun sein?
- Legen Sie Wert auf Komfort und Bedienung?
- Bevorzugen Sie eine elegante Atmosphäre?
- Haben Sie schon immer gerne gezeltet?
- Können Sie gemütlich und ohne Eile in den Urlaub gondeln?
- Sind Sie im Urlaub gerne aktiv?
- Sind Sie praktisch veranlagt und improvisieren Sie gerne?
- Gefällt es Ihnen draußen in der Natur?
- Genießen Sie es, mit der Familie und Freunden zusammen zu sein?
- Macht es Ihnen nichts aus, auch mal eine Toilettenkassette zu entleeren?

Falls Sie die ersten drei Fragen mit „nein" und die übrigen mit „ja" beantworten können, werden Sie mit dem Wohnmobil/Wohnwagen sicher glücklicher werden als im Hotel. Ist es umgekehrt, wäre dieses Buch wohl eine Fehlinvestition – kann Ihnen aber eine mehrere tausend Mal höhere Fehlinvestition ersparen!

Wohnmobil oder Wohnwagen?

Der Unterschied ist größer, als man glaubt, und lässt sich auf einen einfachen Nenner bringen:

Beim **Wohnmobil** liegt der Schwerpunkt auf der zweiten Worthälfte, beim **Wohnwagen** auf der ersten. Wer gern auf einen Campingplatz fährt, um sich dort häuslich einzurichten, der sollte sich für einen Wohnwagen entscheiden. Wer hingegen ungebunden durch die Gegend streifen will, der ist mit einem Wohnmobil besser bedient. Hier ein Überblick über die Vor- und Nachteile beider Varianten.

Begriffe
Wohnwagen werden auch als Caravan bezeichnet - Wohnmobile als Motor-Caravan.

Wohnwagen
- Preisgünstiger (ca. 1/3 der Anschaffungs- und 40 % der Unterhaltskosten) [1]
- Geräumiger und komfortabler
- Für den Alltag ist kein Zweitfahrzeug erforderlich [1]
- Zugfahrzeug im Urlaub ist individuell für Einkauf, Ausflüge etc. einsetzbar
- Problemlos mit einem Vorzelt kombinierbar

Wohnmobil
- Wohnraum ist auch während der Fahrt nutzbar [2]
- Leichter zu fahren und zu manövrieren [5]
- Schneller (bis 3,5 t kein Tempolimit) [3]
- Unabhängigkeit von Campingplätzen durch freies Stehen unterwegs
- Für Gespanne gesperrte Bergstraßen können meist befahren werden [4]
- Anhänger für Boot u. a. möglich
- Hohe Flexibilität und Unabhängigkeit, besonders bei Reisen mit Kindern ein unschätzbares Plus!

[1] *Hat man jedoch ein kompaktes Wohnmobil, das man auch im Alltag fahren kann, erfordert dies kein Zweitfahrzeug und ist daher deutlich günstiger.*

[2] *Ausnahmen sind Sondermodelle wie etwa Pick-up-Camper.*

[3] *Für Wohnmobile über 3,5 t zGG gilt ebenfalls das Tempolimit 80 km/h.*

[4] *Wohnmobile mit langem Radstand haben u.U. einen größeren Kurvenradius.*

[5] *Beachten Sie, dass ein durchschnittliches Gespann mit ca. 11-12 m rund doppelt so lang ist wie ein durchschnittliches Wohnmobil!*

008wr Abb.: rh

Arten des Womo-Reisens

Um das geeignete Fahrzeug mit der passenden Ausstattung zu finden (und einen teuren Fehlkauf zu vermeiden!) sollte man vorher möglichst konkrete Vorstellungen davon haben, **wie** man das Wohnmobil überwiegend **nutzen** möchte: Ob man vor allem auf idyllisch in der Natur gelegenen Parkplätzen (dann sollte man hinsichtlich Strom und Wasservorrat möglichst lange autark sein) oder meist auf Campingplätzen übernachten möchte (dann reichen knappe Vorräte – und vielleicht wäre man dann sogar mit dem Wohnwagen besser bedient). Nach der Frage, ob Sie nur im Sommer Urlaub machen oder auch im Winter campen wollen, richten sich u.a. Größe, Isolierung, Heizung, Lüftung und Wasserversorgung. Je nachdem, ob man fast täglich den Standort wechseln will oder den Urlaub lieber stationär an einem schönen Platz verbringt, muss man bei seinem Fahrzeug mehr Gewicht

▲ *Kroatische Adria: Besonders beliebt sind Wohnmobile für den Strandurlaub*

auf Mobilität und Fahreigenschaften legen oder aber auf Größe und Wohnkomfort. Wer hingegen überwiegend in nördliche Breiten reist, muss damit rechnen, dass er mehr Zeit im Fahrzeug verbringen wird als ein Strandurlauber am Mittelmeer, der den ganzen Tag im Freien ist. Wer nur einmal im Jahr für drei Wochen Urlaub macht, wird ganz andere Vorstellungen haben als jemand, der sein Wohnmobil jedes Wochenende nutzen möchte. Und ein Rentner mit viel Zeit für Reisen hat andere Bedürfnisse als der Familienurlauber, der wiederum ein ganz anderes Fahrzeug braucht als ein junges Paar, das mit knappem Budget ein Jahr lang auf Fernreise gehen will.

Welcher Wohnmobil-Typ?

Das Spektrum unterschiedlicher Anforderungen an ein Fahrzeug ist breit – und ebenso vielfältig und unübersichtlich ist das Angebot an verschiedenen Typen und Modellen. Übersicht in diese verwirrende Menagerie zu bringen und Ihnen bei der Auswahl des geeigneten Fahrzeugs behilflich zu sein, ist Hauptaufgabe des ersten Bandes (s. u.). Hier werden wir uns auf einen schematischen Überblick zur Frage „Welches Fahrzeug für welchen Zweck?" beschränken.

Bevor Sie sich für ein bestimmtes Wohnmobil entscheiden, sollten Sie für sich folgende grundsätzliche Fragen beantworten:

- Für wie **viele Personen** (Erwachsene, Kinder) muss das Fahrzeug Platz bieten?

  Es gibt wahre Raumkünstler, die noch mit zwei Kindern im VW-Bus verreisen, aber generell ist es besser, wenn Sie das Wohnmobil etwas größer wählen – insbesondere für Fahrten in Regionen ohne Sonnengarantie.

Womo-Typologie

Nähere Infos zu den verschiedenen Womo-Typen (Alkovenmodelle, Integrierte etc.) und zu den Basisfahrzeugen finden Sie im Praxis-Band von Rainer Höh, „Handbuch Wohnmobil-Ausrüstung", siehe Anhang

Reisende	Art der Reisen	Wohnmobilart	Beachten
Familie mit Kindern	***Strandurlaub*** *(Camping)*	***Alkovenmodell***	*genügend Schlafplätze und Zuladekapazität; robuste und pflegeleichte Ausstattung; Markise*
	Rundreisen *(Freistehen)*	***Alkovenmodell*** *oder großer* ***Kastenausbau***	*Raum- und Ladekapazität; Strom-, Gas-, Wasservorrat; gute Fahreigenschaften*
Rentner-Ehepaar	***Rundreisen*** *in ganz Europa; Städte, Kultur*	***integriertes*** *oder* ***teilintegriertes Modell***	*geräumiges Modell mit festem Heckbett, großem Waschraum und komfortabler Ausstattung wie eine Zweitwohnung*
Paar *oder* ***Single***	***längere Reisen*** *abseits der Hauptrouten (Skandinavien, Berge etc.)*	*kompakter* ***Kastenwagen*** *oder* ***Pick-up*** *mit Wohnaufbau*	*wendiges, robustes Fahrzeug; gute Fahreigenschaften; Strom-, Gas-, Wasservorrat; Zuladekapazität*
	Sportreisen *(Fahrzeug als „Basislager")*	***Kastenwagen*** *mit bescheidener Ausstattung*	*gute Fahreigenschaften; Platz für Sportgeräte & Ausrüstung*
	Fernreisen *über sehr langen Zeitraum mit kleinem Budget*	***Kastenwagen,*** *gebraucht oder Selbstausbau o.* ***Allrad-Pick-up*** *mit Wohnkabine*	*Robuste, wendige Basis; gute Fahreigenschaften; Ladekapazität; Strom-, Gas- und Wasservorrat*
	Wintercamping	***Alkovenmodell*** *oder guter* ***Integrierter/ Teilintegrierter***	*Isolierung, Lüftung; innenliegende bzw. beheizbare Wasser-/Abwassertanks; isolierte, sinnvoll verlegte Wasserleitungen; Strom-, Gas-, Wasservorrat; Abtrennung des Fahrerraums; Platz f. Winterausrüstung*

- Soll das Wohnmobil **auch im Alltag** genutzt werden oder ist ein PKW als Zweitwagen erforderlich? Als alleiniges Fahrzeug sind ausgebaute Kleinbusse und Pick-ups sowie evtl. kleinere ↗Alkovenmodelle noch geeignet.
- Wo können Sie das Wohnmobil zu Hause **abstellen** bzw. im Winter unterstellen?
- Welche **Art von Reisen** (insbesondere Dauer der Reise) machen Sie überwiegend und in welche Regionen wollen Sie reisen? – Danach richten sich u. a. Größe, Zuladung, Heizung/Klima, Isolierung und Ausstattung des Fahrzeugs.
- Wollen Sie überwiegend **frei stehen** oder auf **Campingplätzen** (Vorräte an Gas, Strom und Wasser)?
- Wie viel **Komfort** soll sein? – Jeden Abend Betten bauen oder Festbetten? Separate Dusche oder nur ein Waschbecken?
- Sind Sie eher ein standorttreuer Strandurlauber (Schwerpunkt **Wohnkomfort**) oder bevorzugen Sie Rundreisen (Schwerpunkt **Fahrkomfort**)?
- Welches **Zubehör** soll mitgenommen werden und welche Vorrichtungen sind dafür erforderlich? – Fahrräder, Motorroller, Kleinwagen? Surfbrett, Kanu, Jacht etc.?

Alkoven

Abgeleitet vom arabischen Wort für „Schlafnische" bezeichnet es treffend die Schlafkoje über dem Fahrerhaus, die meist deutlich nach vorn übersteht und den Alkoven-Fahrzeugen somit den Spitznamen „Nasenbären" verlieh.

Die nebenstehende Tabelle soll helfen, dass passende Wohnmobil für Ihren Urlaub zu finden.

Kaufen oder mieten?

Diese Frage lässt sich meist einfach beantworten: Wer noch wenig oder gar keine Erfahrung hat, sollte unbedingt zunächst ein Wohnmobil mieten!

Ausnahme

Wer sich für wenige tausend Euro einen gebrauchten Kleinbus kaufen und diesen mit Matratze und Campingkocher ausstatten möchte, der kann das natürlich tun, ohne sich vorher (zu etwa dem gleichen Preis!) ein Wohnmobil zu mieten.

Kosten für ein Wohnmobil

Nüchtern gerechnet kostet ein neu gekauftes Wohnmobil der mittleren Klasse inkl. Wertverlust, Wartung, Zinsen etc. im Durchschnitt etwa 5000 Euro pro Jahr – ein stolzer Betrag! Für den gleichen Betrag kann man ein entsprechend ausgestattetes Fahrzeug etwa zwei Monate lang mieten!

Selbst wenn Sie wild entschlossen sein sollten, sich Ihr eigenes Wohnmobil anzuschaffen, ist es ratsam, zunächst einige Erfahrungen mit Mietmobilen zu sammeln. Es gibt zu viele Fragen, die sich nur durch praktisches Ausprobieren klären lassen. Und das Risiko eines Fehlkaufs ist einfach zu groß!

Hat man bereits Erfahrung mit Wohnmobil-Urlaub, dann hängt die Entscheidung in erster Linie davon ab, ob **rein rechnerische oder mehr emotionale Argumente** schwerer wiegen und **wie häufig und lange** man es nutzen wird.

Je öfter und länger Sie das Wohnmobil nutzen, desto eher rechnet sich ein Kauf – je weniger Urlaub Sie haben und je eher Sie die Nebensaison nutzen können, desto vorteilhafter wird die Miete. Aber was spricht sonst für Kauf oder Miete?

Vorteile des Mietens:

- In fast allen Fällen finanziell deutlich günstiger.
- Kein Risiko eines teuren Fehlkaufs.
- Wohnmobilreisen in Übersee sind einfacher möglich.
- Man kann beliebig zwischen Wohnmobil- und Hotel-Urlaub wechseln.
- Man kann stets das für die jeweilige Reise optimale Fahrzeug mieten.
- Kein Aufwand mit Stellplatz, Wartung, An- und Abmelden, Winter etc.

Vorteile des Kaufs:

- Man kann das Fahrzeug individuell ausgestalten und nachrüsten.
- Man kann jederzeit startklar sein und auch die Wochenenden nutzen.
- Man kann ohne Vorplanung spontan verreisen.
- Man kennt das Fahrzeug, ist mit Abmessungen und Fahrverhalten vertraut und kann kleine Probleme unterwegs leichter selbst beheben.
- Mit Kindern reist man im eigenen Fahrzeug entspannter, da man weniger aufpassen muss, dass sie nichts schmutzig oder kaputt machen.

Tipps für den Wohnmobil-Kauf

„Ein neues Wohnmobil zu kaufen, ist Geldverschwendung!“ sagen manche – nicht ohne Grund: der Wertverlust im ersten Jahr beträgt rund 25 % und in den folgenden Jahren jeweils ca. 12–15 %. Das bedeutet, dass ein Neufahrzeug für 40.000 € im Jahr darauf schon nur noch 30.000 € wert ist – und nach zwei Jahren nur noch ca. 26.000 €! Nach vier Jahren bezahlen Sie für das gleiche Fahrzeug nur noch den halben Preis. Es mag einige Gebrauchsspuren aufweisen, besitzt aber noch den gleichen Nutzwert wie das Neufahrzeug – und Sie können es u. U. noch 15–20 Jahre nutzen.

- Überlegen Sie sich vorher gründlich, was für einen **Typ,** welche **Größe** und welche **Ausstattung** Sie brauchen – und lassen Sie sich nicht vom Händler davon abbringen.
- Wenn Sie sich auf ein bestimmtes **Modell** festlegen, fällt es leichter, die Preise zu vergleichen.
- Eine günstige Zeit für den Kauf ist der **Herbst,** wenn die Vermieter und Privatbesitzer ihre Gebrauchten verkaufen wollen, während das Kaufinteresse erst im Frühjahr richtig erwacht.

009wr Abb.: rh

- Bei Neufahrzeugen ist ein **Rabatt** auf den Listenpreis von ca. 10 % möglich; auf Messen bis 12 %; im Winter sind die Rabatte am höchsten.
- **Messepreise** beziehen sich auf Rabatte, die bei Kaufabschluss auf einer Messe gewährt werden, nicht zwangsläufig auf Ausstellungsfahrzeuge, für die höhere Rabatte möglich sind.
- Will der Hersteller auf ein Neufahrzeug keine weiteren Nachlässe gewähren, so ist manchmal noch eine **Vergünstigung** in Form einer Zusatzausstattung (z. B. Markise, Dachreling o. Ä.) drin.
- Jede Sonderausstattung und auch alle zugesicherten Merkmale (z. B. Nutzlast) *müssen* auch im **Kaufvertrag** stehen!
- Fahrzeuge **kleiner Firmen** sind oft günstiger zu bekommen – später aber schwerer zu verkaufen.
- Modelle großer Hersteller sind ausgereifter, zuverlässiger und eher teurer, haben aber auch einen höheren **Wiederverkaufswert.**
- **Selbstausbauten** sind oft sehr günstig zu bekommen – aber achten Sie besonders streng auf die Qualität und Funktionalität des Ausbaus!
- **Exoten** verursachen gewiss einiges Aufsehen – aber auch beträchtliche Kosten im Unterhalt (Verbrauch, Reparaturen, Ersatzteile) und Probleme beim Wiederverkauf!
- **Benziner** sind selten und wenig gefragt. Sollten Sie einen haben wollen, können Sie ihn günstig erwerben – aber kaum wieder verkaufen!
- Bei **Gebrauchten** können Informationen über den Vorbesitzer und bisherige Reisen aufschlussreich sein. (Ältere Leute gehen meist schonender mit ihrem Fahrzeug um und Langstrecken sind für den Dieselmotor schonender.)

◀ *Für manche Strecken muss man sein Fahrzeug genau kennen und beherrschen: hier die Felsenroute Combe Laval im Vercors, Frankreich*

003wr Abb.: rh

▶ *Abend im Canyonlands-Nationalpark, Utah, USA*

Vorbereitung

Erste Erfahrungen
Hat man sich ein eigenes Wohnmobil gekauft, sollte man damit nicht sofort auf große Reise gehen, sondern zuerst einige Wochenend-Fahrten unternehmen. So lernt man das Fahrzeug kennen, merkt, was noch fehlt, und kann ggf. ergänzen und ändern.

Wer ein Wohnmobil besitzt und regelmäßig damit verreist, der wird die Grundausstattung stets im Fahrzeug lassen, sodass er nur einige Dinge ergänzen muss, um jederzeit rasch startklar zu sein. Wer hingegen ein Wohnmobil mietet oder sein eigenes Fahrzeug zum ersten Mal für die Reise vorbereitet, der hat einiges zu bedenken und zu beachten.

Reiseplanung

Wählen Sie zunächst ein Ziel im Nahbereich für einen Wochenend-Ausflug und beschaffen Sie sich die Basis-Informationen vom zuständigen **Fremdenverkehrsamt** oder der Gemeinde. Dabei können Sie gleich um Zusendung von Informationen über geeignete Park- oder Stellplätze bitten. Nützlich für die Stellplatz-Suche bei Wochenendreisen können auch **Radwanderkarten** sein, auf denen Wanderparkplätze, Grillplätze, Schwimmbäder, Badestellen etc. eingezeichnet sind. Außerdem gibt es (z.B. von Reisemobil-Zeitschriften) umfangreiche **Stellplatz-Verzeichnisse** eigens geschaffener Wohnmobil-Stellplätze, die in den letzten Jahren zunehmend von Gemeinden und privaten Betreibern eingerichtet werden. In diesen Verzeichnissen findet man meist eine Anfahrtsbeschreibung (teils mit Skizze), Informationen über Ver- und Entsorgung, die tägliche Gebühr (bzw. ob er kostenlos ist), manchmal eine Telefonnummer und zum Teil sogar ein Foto.

Falls Sie sich generell auf dem Campingplatz wohler fühlen sollten (oder auch für die gelegentliche Campingplatz-Übernachtung) empfiehlt sich

Stellplatz-Verzeichnisse

- *„Reisemobil Service-Magazin" mit rund 4000 Plätzen und Stationen von „Mobil Total", 53639 Königswinter, Tel. (02223) 2 73 18*
- *Stellplatz-Atlanten der Zeitschrift Promobil für Deutschland, Frankreich, Italien, Hallwag Verlag, Tel. (0711) 1 82 25 95*
- *„Bordatlas" der Zeitschrift „Reisemobil International" mit 3300 Stellplätzen in Europa zu 16,90 € plus 4 € für Versand von Dolde Medien CDS GmbH, Postwiesenstr. 5a, 70327 Stuttgart, Tel. (0711) 1 34 66-0, Fax -38, E-Mail: info@dolde.de, www.bordatlas.de*
- *ADAC Stellplatzführer Deutschland, 16,90 €*

ein **Campingführer,** beispielsweise der ADAC- (zweibändig, sehr ausführlich, am teuersten; Sanitäranlagen für Reisemobilisten zu stark gewertet), DCC- (gute Informationen über Lage) oder ECC-Campingführer (Drei-Brunnen-Verlag). Für Reisen nach Frankreich eignet sich besonders der Michelin-Campingführer, der aber nur in französischer Sprache erhältlich ist.

- ***Deutscher Camping Club,***
  Mandlstr. 28, 80802 München,
  Tel. (089) 33 40 21, Fax 33 47 37,
  www.camping-club.de

Sehr empfehlenswert – nicht nur für Neulinge! – ist die vom CIVD (Caravaning Industrie Verband Deutschland; früher VDWH = Verband deutscher

Wohnwagen- und Wohnmobilhersteller) herausgegebene **Sicherheits-Broschüre** für Wohnmobil und Caravan.

- ***CIVD,*** *Caravaning Industrie Verband e.V., Am Holzweg 26, 65830 Kriftel, Tel. (06192) 97 12 00, Fax 97 12 23, www.civd.de und www.caravaning-info.de*

Neben den allgemeinen **Reiseführern** (die beim Reise Know-How Verlag zum Teil auch Stellplatz-Tipps enthalten) gibt es spezielle **Wohnmobil-Reiseführer** mit detaillierten Informationen über Stellplätze, Ent- und Versorgung etc.; beispielsweise die sehr informativen und farbig illustrierten Bände der Reihe „Wohnmobil-Tourguide" des Reise Know-How Verlages. Diese Bücher enthalten neben den genannten Informationen und einer Fülle Reisemobil-spezifischer Reisetipps auch sehr hilfreiche Routenvorschläge für einzelne Länder und Regionen. Die Bücher können über die Website des Verlages unter www.reise-know-how.de angesehen und bestellt werden.

Wohnmobil mieten

Selbst wenn die Mietpreise in der Hauptsaison recht hoch sind, reist man mit dem Mietfahrzeug meist deutlich billiger als mit dem eigenen – wenn man dessen Kosten auf die Urlaubstage umlegt, an denen man das Wohnmobil nutzt. Außerdem kann man dann stets das Fahrzeug mieten, das für die jeweilige Reise am besten geeignet ist, und man hat meist ein neues Modell. Reservieren Sie frühzeitig, wenn die Preise am günstigsten sind und die Auswahl am größten ist. Während der Ferienzeiten sind die beliebtesten Modelle oft ausgebucht.

Wo mieten?

- **Privatvermieter** bieten ihre Wohnmobile oft per Kleinanzeige in Tageszeitungen an. Sie sind deutlich billiger als gewerbliche Vermieter, haben aber meist ältere Fahrzeuge mit höherem Pannenrisiko und können nicht so leicht ein Ersatzfahrzeug bieten.
- **Vermietringe** sind Unternehmen, die Fahrzeuge privater Anbieter im Auftrag vermieten. Folglich haben auch sie oft ältere Modelle, können aber im Schadensfall gewöhnlich ein Ersatzfahrzeug stellen.
- **Gewerbliche Vermieter** haben die höheren Preise, aber dafür einen modernen und gepflegten Fahrzeugpark, der kaum älter als 2 Jahre ist. Bei Pannen werden Ersatzfahrzeuge gestellt. Zudem haben größere Unternehmen ein ganzes Netz von Stationen, sodass man dort mieten kann, wo man reisen möchte (und z. B. per Bahn anreisen) oder das Fahrzeug an einer Station abholt und an einer anderen zurückgibt.

Wichtige Vermieter

- ***ADAC-Autovermietung,*** *Am Westpark 8, 81373 München, Tel. (01805) 31 81 81, www.adac.de*
- ***Dethleffs Pro Rent,*** *Rangenbergweg 34, 88316 Isny, Tel. (07562) 98 70, www.prorent.de*
- ***DRM (Deutsche Reisemobil),*** *Stahlgruberring 30, 81829 München, Tel. (089) 42 71 43-0, www.drm.de*
- ***HYMER-rent,*** *Holzstraße 19, 88339 Bad Waldsee, Tel. (01802) 49 63 77, www.hymer.com*
- ***MI-Mobile,*** *Bahnhofstraße 50, 73630 Remshalden, Tel. (07151) 9739-0, www.mi-mobile.de*
- ***Rentmobil,*** *Herseler Straße 14, 50389 Wesseling, Tel. (02236)94 49 00, www.rentmobil.de*
- ***Camper Tour & Touristik,*** *Sulzbacher Straße 67, 65760 Eschborn, Tel. (06196)94 08 77, www.campertour.de*

Mietkosten

Das Spektrum der Mietpreise reicht von etwa 30 € bis zu mehreren 100 € pro Tag und ist stark von der Saison abhängig. Außerhalb der Hauptsaison sind

Schnuppertour
Wer noch keine Erfahrung hat, sollte vor der ersten großen Reise wenigstens einmal vorher ein Wohnmobil für eine Kurzreise im Nahbereich mieten, um erste Erfahrungen zu sammeln.

die Preise oft um 50–60 % günstiger! Für einen ausgebauten Kleinbus muss man etwa 30–80 € rechnen, für ein kleineres Alkoven-Modell ca. 50–100 € und für einen luxuriöseren Integrierten etwa 100–200 € – jeweils pro Tag! Hinzu kommen oft Extrakosten für Versicherung, gefahrene Kilometer, ca. 50–100 € für die Grundausstattung (Campinggas, WC-Chemikalien etc.) und die Endreinigung oder Aufschläge für Sonderausstattungen (z. B. Campingmöbel).

Was Sie bei Mietmobilen beachten sollten

- ❑ Vergleichen Sie verschiedene Anbieter und fragen Sie nach **Sondertarifen** (z. B. Wochenende, Vor-/Nachsaison, Langzeitmiete).
- ❑ Welche **Versicherung** ist im Mietpreis enthalten bzw. extra zu bezahlen? Haftpflicht, Teil-/Vollkasko? Mit welcher Selbstbeteiligung?
- ❑ Wie viele **Frei-Kilometer/Tag** sind enthalten? Wie viel kostet der einzelne Zusatz-Kilometer?
- ❑ Welche sonstigen **Zusatzkosten** entstehen: Bereitstellungspauschale, Extras, Endreinigung?
- ❑ Welche **Kontrollen/Wartungen** müssen Sie unterwegs durchführen (z. B. Ölwechsel)?
- ❑ Bis zu welcher **Uhrzeit** muss das Fahrzeug am letzten Tag zurückgegeben werden? – Achtung: Eine Überziehung kann u. U. sehr teuer werden!
- ❑ Sind alle wichtigen **Vereinbarungen** klar im Mietvertrag festgehalten?

Fahrzeug-Übernahme

Notieren Sie sich vorher alle Fragen, die Sie bei der Fahrzeugübernahme stellen wollen – denn nachher ist es zu spät. Und vor allem sollten Sie sich für die

Einweisung viel Zeit nehmen, auch wenn Sie darauf brennen, endlich loszufahren. 1–2 Stunden sind gewiss nicht zu viel, wenn man zum ersten Mal ein Reisemobil mietet. Stellen Sie Fragen und lassen Sie sich alles so lange erklären, bis Sie sicher sind, dass Sie die Handhabung von Heizung, Kühlschrank, das Auffüllen und Entleeren der Tanks etc. verstanden haben. Unter Zeitdruck versuchen manche Vermieter, die Einweisung abzukürzen. Da hilft nur eins: Immer wieder nachfragen!

Checkliste bei Fahrzeugübernahme

- ❏ Wo sind **Füllstutzen** und **Hauptventil** des Gastanks bzw. die Gasflaschen?
- ❏ Sind alle **Ablassventile** geschlossen?
- ❏ Wie wird das **Abwasser** entleert und wo sind die Schieber und der Schlauch?
- ❏ Sind **Frischwasser, Gas, WC-Chemikalien** etc. an Bord?
- ❏ Wie wird der **Kühlschrank** ein-, aus-, umgestellt?
- ❏ **Wie funktionieren** Boiler, Herd, Generator, Klimaanlage etc.?
- ❏ **Wo sind** Reserverad, Radkreuz und der Wagenheber?
- ❏ **Wie werden** Öl, Kühlwasser, Scheibenwaschanlage etc. kontrolliert und nachgefüllt?
- ❏ Ist das Fahrzeug **vollgetankt?**
- ❏ Wo befindet sich der Ordner mit den **Gebrauchsanweisungen** für alle Geräte?
- ❏ Ist eine Liste mit **Service-Stationen,** Vertragshändlern an Bord und haben Sie für Notfälle die Telefonnummer des Vermieters dabei?

Überprüfen Sie das Fahrzeug und den Innenraum auf **Schäden** (Lackkratzer, Zigarettenlöcher im Polster etc.) und achten Sie darauf, dass die Schäden im Mietvertrag vermerkt werden (sonst könnte man später Sie dafür haftbar machen).

Literaturtipp „Wohnmobil-Reisen USA“, *Terra magica, Clever reisen, Rainer Höh. Alle Infos für die Wohnmobilreise in Nordamerika (auch mit dem eigenen Fahrzeug) plus 10 Routenvorschläge.*

Überprüfen Sie zudem die **Vollständigkeit** der Campingausstattung, denn wenn Sie ein paar hundert Kilometer gefahren sind, werden Sie nicht umkehren wollen, weil die Kochtöpfe fehlen.

Mieten im Ausland

Für Wohnmobilreisen in Übersee (Amerika, Australien, Neuseeland, Südafrika) ist ein Mietmobil in den meisten Fällen die bequemste und preisgünstigste Lösung.

Mancher meint, ein besonderes Schnäppchen machen zu können, indem er den „Zwischenhandel“ ausschaltet und direkt im Reiseland bucht. Diese Überlegung ist einleuchtend – aber falsch! Tatsächlich sind die Angebote der europäischen Vermittler fast immer deutlich günstiger, da die Vermittler sehr günstige Konditionen bekommen und einen Teil davon an ihre Kunden weitergeben. Außerdem haben Sie dann einen Ansprechpartner im Inland und in Problemfällen gilt das Reiserecht des eigenen Landes.

010wr Abb.: rh

▲ *In der Wüste von New Mexico*

Besonders wenn man in der Hauptsaison reisen will, ist es wichtig, **sehr frühzeitig zu reservieren** – für Sommerreisen am besten bereits im Winter zuvor.

Bei einer frühzeitigen Reservierung kommt man bei vielen Anbietern meist in den Genuss günstiger Tarife. Achtung, vor Ort ist es in der Hauptsaison kaum möglich, ein Reisemobil zu bekommen.

Vermittler in Deutschland

- ***ADAC-Reisen,*** *Am Westpark 8, 81373 München, Tel. (089) 76 76-0, Fax 7676-61 55*
- ***Adventure Travel,*** *Saarstr. 42, 55276 Dienheim, Tel. (06133) 92 44 03, Fax 92 44 27, E-Mail: usa@usareisen.com; www.usa.reisen.com (auch günstige Specials; z. B. preiswerte Pick-up-Camper und VW-Busse, ältere Fahrzeuge, ausgebaute Schulbusse, Kauf/Rückkauf, Leasing)*
- ***CA Ferntouristik,*** *Nymphenburgerstr. 1, 80335 München, Tel. (089) 5 45 50-60, Fax 5 45 50-19*
- ***Canusa Touristik,*** *Nebendahlstr. 16, 22041 Hamburg, Tel. (040) 22 72 53-0, Fax 22 72 53-53, www.canusa.de*
- ***CRD International,*** *Stadthausbrücke 1-3, 20355 Hamburg, Tel. (040) 30 06 16-0, Fax 30 06 16-55, E-Mail: info@crd.de, www.info.crd.de*
- ***DER,*** *Emil-von-Behring-Str. 6, 60439 Frankfurt, Tel. (069) 95 88-00, Fax 95 88-35 08, www.dertour.de*
- ***Explorer,*** *Hüttenstraße 17, 40215 Düsseldorf, Tel. (0211) 99 49 02, Fax 37 70 79; Theodor-Heuss-Str. 6, 70174 Stuttgart, Tel. (0711) 1 62 52-22, Fax 1 62 52-20, www.explorer-fernreisen.com*
- ***Karawane,*** *Schorndorferstr. 149, 71638 Ludwigsburg, Tel. (07141) 28 48-0, Fax 28 48-25, E-Mail: info@karawane.de; www.karawane.de*
- ***Meso,*** *Wilmersdorfer Str. 94, 10629 Berlin, Tel. (030) 8 81 41 22, Fax 8 83 55 14*
- ***Pioneer Erlebnisreisen,*** *Steubenstr. 7, 72379 Hechingen, Tel. (07471) 69 62, Fax 1 35 53, E-Mail: info@pioneertours.de, www.pioneertours.de*
- ***Scholz Canada Tours,*** *Danziger Str. 47 c, 53757 Sankt Augustin, Tel. (22 41) 2 87 87, Fax 2 71 30, E-Mail: Info@Canada-Tours.de, www.intertipp.com/canada-tours (für Miete ab/in Kanada)*
- ***TUI,*** *Karl-Wiechert-Allee 23, 30625 Hannover, Tel. (0511) 5 67-0, Fax 5 67-13 01, www.tui.de*

011wr Abb.: rh

▲ *Kategorie „Homemade", gesehen in den USA*

Voraussetzungen

Besondere **Fahrkenntnisse** sind nicht erforderlich. Auch die großen US-Wohnmobile sind einfach und bequem zu handhaben. Ein **internationaler Führerschein** wird meist nicht verlangt, kann aber hilfreich sein. Er wird z. B. bei USA-Reisen für **Abstecher nach Mexiko** oft verlangt!

Achtung

Einige Vermieter lassen nur Fahrer zu, die ihren Führerschein schon mindestens ein Jahr lang haben. Vergewissern Sie sich rechtzeitig!

Das **Mindestalter,** um ein Reisemobil zu mieten, liegt bei den meisten US-Anbietern bei 21 Jahren. Ausnahmen sind z. B. Ambassador und Can-Dan in Vancouver, wo man bereits mit 18 Jahren ein Reisemobil mieten kann. Die **Mindestmietzeit** beträgt meist eine Woche, bei Einwegmiete manchmal zwei Wochen.

Fahrzeugkategorien und -größen

In Nordamerika werden überwiegend **Motorhomes** auf Ford-, Crysler oder GMC-Basis angeboten – große, schwere und viel Benzin (nicht Diesel!) fressende Wohnmobile mit üppigem Komfort. Gelegentlich auch Pick-up-Camper und ausgebaute Kastenwagen (siehe umseitige Tabelle). In den übrigen Ländern werden meist kompaktere Modelle auf japanischen Basisfahrzeugen (Nissan, Toyota) mit sparsameren Benzin- oder Dieselmotoren angeboten.

Fahrzeugwahl

Wählen Sie das Fahrzeug lieber etwas größer als zu knapp. Die Erfahrung hat gezeigt, dass die Beengtheit in kleineren Fahrzeugen oft zu Problemen führt. Manche Betten sind nur für Kinder geeignet. Sind zwei ***Paare*** *oder größere* ***Gruppen*** *zusammen unterwegs, so ist es meist sinnvoller, zwei kleinere als ein großes Reisemobil zu mieten. Das ist zwar teurer, aber wenn man vier Wochen in einem beengten Fahrzeug unterwegs ist, kann das auch gute Beziehungen belasten.*

Geführte Wohnmobilreisen

Vor allem in Übersee schätzt mancher den Komfort und die zusätzliche Sicherheit einer geführten Wohnmobilreise. Dann braucht er sich unterwegs nicht um organisatorische Dinge zu kümmern und hat stets einen landes- und sprachkundigen Reiseleiter, der bei allen Problemen hilfreich zur Seite steht. Das muss nicht unbedingt bedeuten, dass man stets im großen Konvoi dahinrollt. Viele Veranstalter bieten die Möglichkeit, dass man den Tag über individuell reist und sich erst abends auf dem Campingplatz mit der Gruppe trifft.

Veranstalter, die geführte Wohnmobilreisen in den USA anbieten, sind z. B.:

- ***Pioneer Erlebnisreisen,*** *Steubenstr. 7, 72379 Hechingen, Tel. (07471) 6962, Fax 13553, E-Mail: info@pioneertours.de, www.pioneertours.de*

Fahrzeugkategorien und ihre Bezeichnungen

Van Conversion *oder* ***Van-Camper***	*ausgebauter Kleinbus; Verbrauch: 15–20 l/100 km*	*2 Personen*
Camperhome *oder* ***Pick-up-Camper***	*robuster, kleiner und leicht zu fahrender Pick-up mit aufgesetztem Campingteil, ohne Durchgang zur Fahrkabine; Campingteil unterwegs nicht abnehmbar; Verbrauch: 16–22 l/100 km*	*2–3 Personen (am besten 2 Erw. und 1 Kind)*
Motorhomes	*Wohnmobile (meist Alkoven-Modelle) unterschiedlicher Größe (18–34 ft)*	*4–8 Personen*

Überblick über die gängigsten Modelle

Kategorie	***Länge*** [1]	***Personenzahl*** [2], ***Verbrauch***	***Ausstattung und Besonderheiten***
E ***Camperhome***	*18–19 ft* *ca. 5,70 m*	*2–3 Personen* *Eltern und Kind* *ca. 20 l/100 km*	*oft komplett mit Dusche, WC, aber etwas eng; sparsam im Verbrauch; z. T. mit Allradantrieb, Differentialsperre u. Radialreifen*
D ***Compact***	*19–23 ft* *5,80–7 m*	*bis 4 Personen* *23–30 l/100 km*	*kompaktes, leicht zu fahrendes Wohnmobil; für Familien mit Kleinkindern und für Einsteiger*
C ***Standard***	*21–25 ft* *6,40–7,60 m*	*bis 5 Personen* *28–33 l/100 km*	*günstiges Familienwohnmobil, meist mit Generator*
B ***Intermediate***	*26–27 ft* *ca. 8 m*	*bis 6 Personen* *30–35 l/100 km*	*meist mit Generator und Mikrowelle; geeignet für große Familien oder 2 Paare*
A ***Large***	*28–30 ft* *8,50–9 m*	*bis 7 Personen* *32–40 l/100 km*	*meist mit Generator und Klimaanlage, Mikrowelle und sonstigem Luxus*

[1] *Die* ***Längenangabe*** *bei Motorhomes wird von Stoßstange zu Stoßstange gemessen, bei Pick-up-Campern wird oft nur die Fußbodenlänge des Wohnteils gerechnet.*

[2] *Die genannten* ***Personenzahlen*** *geben die maximale Zahl der Schlafplätze an; meist ist es sinnvoll, ein etwas größeres bzw. zwei kleinere Fahrzeuge zu wählen.*

- ***Canusa Touristik,*** *Nebendahlstr. 16, 22041 Hamburg, Tel. (040) 22 72 53-0, Fax 22 72 53-53, www.canusa.de*
- ***CRD International,*** *Stadthausbrücke 1-3, 20355 Hamburg, Tel. (040) 30 06 16-0, Fax 30 06 16-55, E-Mail: info@crd.de, www.info.crd.de*
- ***Meso,*** *Wilmersdorfer Str. 94, 10629 Berlin, Tel. (030) 8 81 41 22, Fax 8 83 55 14*

Einrichten und Ausstatten

Tipps zum praktischen Einrichten

Das Mietmobil muss man so nehmen, wie es ist – aber am eigenen wird man sicher das eine oder andere verbessern oder ergänzen, ehe es auf große Fahrt geht. Schon beim ersten Einräumen – spätestens aber auf den Probetouren – wird Ihnen manches auffallen, was besser sein könnte.

Für die **Küchenausstattung** können zunächst Anleihen im Haushalt gemacht werden – zwei bis drei Töpfe, einen Wasserkessel, eine Pfanne, ein Salatsieb, Rührlöffel, Besteck etc. wird man dort erübrigen können und ständig im Fahrzeug belassen.

Schüsseln, Essgeschirr, Tassen, Becher etc. sollten nicht unbedingt aus der Wohnung stammen, da sie schwer und zerbrechlich sind. Im Campinghandel gibt es leichte und robuste Alternativen aus hartem Kunststoff (für Teller kein weiches Plastik wählen). Um alles sicher in den Schränken zu verstauen, sollte man die Fächer mit Antirutschmatten auslegen (sonst könnte es in den Kurven klappern!). Bei Hängeschränken hat sich zusätzlich eine Anschlagleiste bewährt, sodass beim Öffnen nichts herausfallen kann.

Ohne Dampf
Vorteilhaft sind Dampfkochtopf und Espresso-Kännchen, da sie beide Brennstoff sparen und wenig Dampf ins Fahrzeug entlassen.

012wr Abb.: la

▲ *Kompakt und doch komplett: die Wohnmobil-Küche*

Manche legen sogar eine Styroporplatte in die Schränke, aus der sie passende Aussparungen für das Geschirr schneiden. Dann kann wirklich nichts passieren - und man kann sogar echte Gläser für Wein und Bier mitnehmen. Aber meist reicht es auch, wenn man alles so verstaut, dass es nicht viel Platz zum Rutschen hat. Im Bodenfach des Küchenblocks kann man einen Flaschenkorb verstauen (vorher eine Leiste auf den Boden schrauben, sodass er nicht verrutscht). Wir stellen gleich einen ganzen Kasten Mineralwasser hinter den Fahrersitz, wo er durch die anschließende Mittel-Sitzgruppe perfekten Halt hat. Den Mülleimer kann man ebenfalls im Küchenblock unterbringen oder - noch besser - innen an der Tür des Wohnaufbaus befestigen, wo er von innen und außen zugänglich ist. Wählen Sie ein größeres Modell und stecken Sie stets zuerst einen Plastikbeutel hinein.

Aufhänger für Trockentücher und Lappen sind immer knapp. Sowohl am Küchenblock als auch im **Waschraum** kann man einige Saug- oder Klebehaken anbringen und an geeigneter Stelle eine kleine Querstange an die Wand schrauben, an der man auch ein Handtuch oder T-Shirt zum Trocknen aufhängen kann. Praktisch sind auch Hakenleisten, die man oben an der Schrank- oder Badtür einhängen kann. Man bekommt sie für wenige Euro im Kaufhaus oder Baumarkt und muss sie nur in der Länge etwas kürzen, um eine kleine Garderobe zu erhalten, an die man auch nicht zu schwere Jacken hängen kann. Für Duschmittel, Kosmetika und allerlei Kleinkram eignen sich Hängetaschen sehr gut, die man in passenden Größen leicht selbst nähen und mit Aufhängeschlaufen dort befestigen kann, wo sie Platz haben – auch an einer Tür, über dem Bett oder im Alkoven.

Um das allabendliche Kleiderberge-Chaos zu vermeiden, haben sich einfache Stofftaschen oder Turnbeutel bewährt, in die jedes der Kinder seine Kleider stopft. Man kann sie unter das Bett legen, im Schrank stapeln oder an Haken aufhängen. Dann haben Sie kein Durcheinander – und jedes der Kinder am nächsten Morgen seine Kleider.

In den **Wohnmobil-„Keller“** (Staukästen) gehört eine Grundausstattung, die stets im Fahrzeug bleiben sollte:

- ❑ wasserfeste (Feuchtraum-)**Kabeltrommel** (15–20 m) mit Adaptern für 3-polige CEE-Stecker und -Steckdose (blau),
- ❑ **Wasserschlauch,** (Falt-)Kanister, Eimer, Trichter, Gießkanne oder sonstige **Hilfsmittel zum Füllen des Wassertanks,**
- ❑ **Auffahrkeile,** um das Fahrzeug eben zu stellen (man kann entweder Kunststoff-Keile kaufen oder aber Holzkeile selbst anfertigen – s. u. „Zubehör“),

▶ *Wichtig: genügend Stauraum im „Keller"*

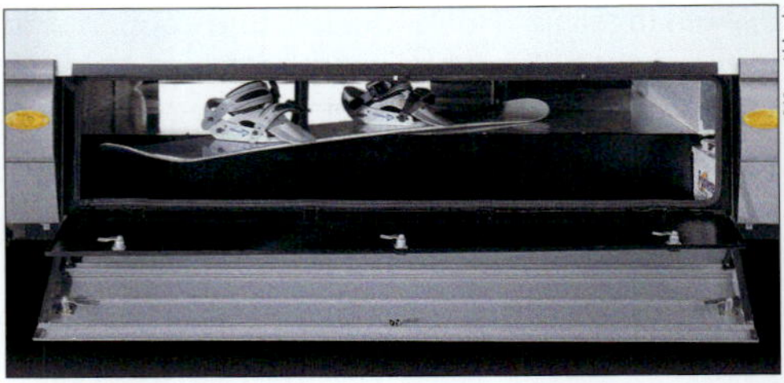

013wr Abb.: la

Zweitbatterie
Ist niemand erreichbar, der Starthilfe geben kann, so hat man immer noch die Zweitbatterie an Bord!

- ❑ **Starthilfekabel** (für Dieselmotoren mindestens 25 mm^2 Querschnitt = ca. die Dicke des kleinen Fingers),
- ❑ **Teleskop-Abschleppstange** (Ein 3-Tonnen-Wohnmobil ohne Bremskraftverstärkung am Seil abzuschleppen, erfordert starke Nerven, gute Reaktion und kräftige Beine!),
- ❑ **Schneeketten,** zumindest im Winter (ggf. auch im Sommer, falls man sich gelegentlich auf unbefestigte Wege wagt),
- ❑ **Wagenheber, Radkreuz, Werkzeug, Arbeits-** oder **Gummihandschuhe** und **Fuß-Luftpumpe.**

Checkliste „Grundausstattung"

Papierkram

- ❑ Ordner mit Gebrauchsanleitungen
- ❑ Fahrzeugschein
- ❑ TÜV-, AU- und Gasprüfungs-Bescheinigung
- ❑ Grüne Versicherungskarte
- ❑ Kopien aller wichtigen Reisedokumente
- ❑ Auslandsschutzbrief
- ❑ Notrufnummern
- ❑ Notizbuch & Stifte
- ❑ Wohnmobil-Tourguides und -Literatur
- ❑ Straßenatlas/Landkarten

Haushalt

- ❏ Töpfe, Pfanne, Sieb, Wasserkessel
- ❏ Geschirr, Tassen, Becher, Besteck
- ❏ Rühr- & Schöpflöffel, Pfannenschaber
- ❏ Dosenöffner, Korkenzieher etc.
- ❏ Kaffeefilter & Filtertüten bzw. Espressokanne, Thermoskanne
- ❏ Plastikschüsseln
- ❏ Eimer, Lappen, Bürste, Scheuerschwamm und Trockentücher
- ❏ Spül- und Reinigungsmittel
- ❏ Nähzeug & Reparatur-Set
- ❏ Schuhputzzeug
- ❏ Wäscheleine & Klammern
- ❏ Handfeger & Kehrschaufel
- ❏ Müllbeutel
- ❏ Gasanzünder, Feuerzeug
- ❏ Kerzen, Taschenlampe, Gaslaterne
- ❏ Karten-/Brettspiele (Ball u. Ä., Spielzeug für die Kinder)
- ❏ Mittel zur Wasserentkeimung
- ❏ WC-Papier, Klobürste, Chemikalien (besser: Entlüftungssystem für Fäkaltanks, s. S. 49)

Bad

- ❏ Hautcreme, Sonnencreme
- ❏ Seife, Waschmittel
- ❏ Zahnbürste, Zahnpasta, Becher
- ❏ Duschmittel
- ❏ Mückenmittel
- ❏ Verbandszeug, Pflaster, Desinfektionsmittel
- ❏ Kleine Reiseapotheke

Schlafen

- ❏ Decken bzw. Schlafsäcke
- ❏ Kopfkissen
- ❏ Leintücher und Bezüge
- ❏ Schlafanzug

Lebensmittel (Grundvorrat)

- ❑ Reis, Nudeln
- ❑ Konserven
- ❑ Fertiggerichte (gefriergetrocknet)
- ❑ Suppen- & Soßenpulver
- ❑ Salz, Zucker, Gewürze
- ❑ Kaffee, Tee, Getränkepulver
- ❑ Knäcke- oder Dosenbrot
- ❑ Marmelade, Honig

Fahrzeug-Ausstattung

- ❑ Gasflaschen
- ❑ Kabeltrommel (ca. 15–20 m) & CEE-Adapter
- ❑ Wasserschlauch
- ❑ (Falt-)Kanister & Trichter bzw. Gießkanne
- ❑ Auffahrkeile
- ❑ Abschleppstange
- ❑ Starthilfekabel
- ❑ Wagenheber, Radkreuz & Werkzeug
- ❑ Fuß-Luftpumpe
- ❑ Arbeits- & Gummihandschuhe, Overall
- ❑ Gummistiefel
- ❑ Klappspaten, Eiskratzer (im Winter zusätzlich eine Schneeschaufel)
- ❑ Glühbirnen- und Sicherungs-Set
- ❑ Reservebatterien für die Heizung
- ❑ Feuerlöscher
- ❑ Solardusche
- ❑ Campingmöbel

Weitere Fahrzeugausstattung s. u. „Zubehör" und im Kapitel „Unterwegs" unter „Sicherheit"

Nützliches Zubehör

Nach vorn haben Sie im Wohnmobil gute Sicht – aber nach hinten kann es problematisch werden. Solange Sie ein guter Copilot begleitet, kann er Sie ggf. einweisen – aber wehe, wenn Sie einmal alleine unterwegs sind! Dann werden Sie feststellen, dass

Ihr rechter Außenspiegel einen toten Winkel hat, sodass Sie u. U. völlig blind in die Kreuzung fahren müssen. Daher gehört auf die rechte Seite ein **gewölbter oder geteilter Außenspiegel** – am besten ein Modell, wie es Lastwagen haben und das zusätzlich einen ↗Rampenspiegel besitzt.

Sehr hilfreich und für nur etwa 10 € erhältlich ist eine so genannte **↗Rearguard-Sicherheitslinse.**

Den Abstand zu einem Hindernis einschätzen kann man damit jedoch nicht, sodass zusätzlich ein **Ultraschall-Abstandswarner** zu empfehlen ist – einfache Geräte gibt es ab ca. 70 €; bessere Modelle für ca. 150–200 € zeigen auf einem Display am Armaturenbrett exakt den Abstand zum Hindernis, sodass Sie selbst im Dunkeln zentimetergenau einparken können. Noch komfortabler ist ein **Rückfahr-Videosystem** mit Weitwinkelobjektiv und Monitor. Die Preise dafür beginnen bei etwa 500 € – aber wenn man bedenkt, welche Kosten schon eine leichte „Objektberührung“ beim Einparken oder Rangieren verursacht, dann kann sich diese Investition rasch amortisieren.

Ähnlich teuer, purer Komfort und doch fast „unverzichtbar“ ist eine **Sonnenmarkise** (z. B. Omnistor), die ca. 350 cm breit ist und sich mit einer Kurbel 250 cm weit ausfahren lässt. Zwei Teleskopbeine stützen das Sonnendach ab. Bei Wind sollte man sie mit Heringen am Boden befestigen und/oder Gewichte (Solardusche/Wassersack) an die Markise hängen, damit sie nicht nach oben umklappt. Wird es zu windig, sollte man sie besser rasch einfahren! Heute gibt es kaum noch Wohnmobile ohne Markise – aber wer die Kosten sparen will, kann

Rampenspiegel
Ein dritter Spiegel, der nach unten gekippt ist, sodass man das rechte Vorderrad im Blick hat und genau sieht, wie dicht man an ein Hindernis heranfahren kann.

Rearguard-Sicherheitslinse
eine flache Plastiklinse im A4-Format, die statisch an der Heckscheibe haftet und den Blickwinkel beträchtlich erweitert.

014wr Abb.: rh

Kederleiste
Eine Schiene mit dem Profil eines seitlich aufgeschnittenen Rohrs, in das man einen in den Rand der Stoffplane eingearbeiteten Wulst (= Keder) einfädeln kann.

auch in der Regenrinne oder in einer ↗Kederleiste ein **Sonnensegel** befestigen.

Damit das Wohnmobil auf ungleichmäßigem Terrain eben steht (der Absorber-Kühlschrank wird es Ihnen danken, auch wenn heutige Modelle weniger empfindlich sind), sind **Auffahrkeile** sehr hilfreich – und zudem die einfachste und billigste Lösung. Man bekommt sie im Campinghandel oder kann sie aus Balken- oder Bohlenstücken selbst anfertigen. Bohrt man in jedes Stück zwei Löcher, sodass man sie mit Stiften kombinieren kann, lässt sich die Höhe variieren. Ebenso gut (und sogar stufenlos variierbar!) sind flach ansteigende Keile, bei denen man das Fahrzeug auch auf der Schräge abstellen kann. Notfalls haben wir uns schon mit flachen Steinen beholfen.

▼ *Wichtig für waagerechten Stand: Auffahrkeile*

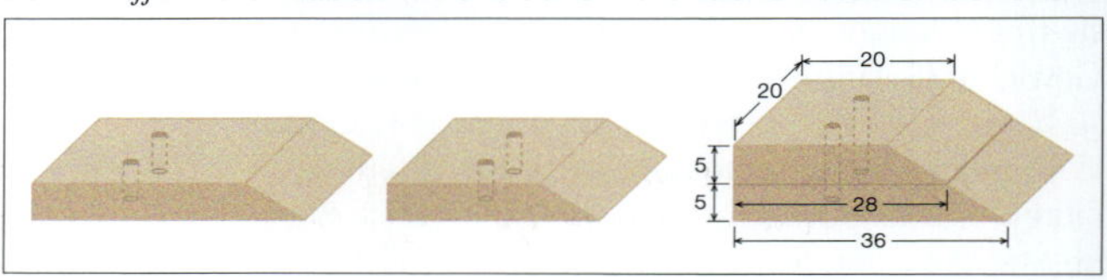

801wr

↗**Kurbelstützen** kosten etwa 50–120 € pro Paar und lassen sich am Heck fest montieren. Sie haben den Vorteil, dass sie beim Stehen das Chassis stützen und das Federn und Wanken des Aufbaus verringern. Um notfalls rasch wegfahren zu können, braucht man **Quick-Lift-Stützen,** die beim Anfahren einfach umklappen und hinterhergezogen werden (erhältlich z. B. von der Firma Linnepe, s. Anhang). Wer es ganz komfortabel möchte (und dazu bereit ist, 1200–2400 € auszugeben!), der kann sich für vier **Elektrostützen** entscheiden, die auf Knopfdruck ausfahren und das Wohnmobil automatisch in die Horizontale bringen.

Kurbelstützen

... sollten durch eine Abdeckung geschützt oder regelmäßig gereinigt bzw. benutzt werden, da sie sonst durch Schmutz und Nässe rasch festsitzen. Ich habe meine noch nie benutzt, da mir stets die Keile ausreichten.

Um sperriges (aber nicht zu schweres) Gepäck zu verstauen, eignen sich **Dach-Kisten,** die man aus wasserfest verleimtem Sperrholz (Plan-Board), Alu-Winkelprofilen, Koffer-Ecken und Klavierband nach eigenen Maßen selbst fertigen, mit einem Vorhängeschloss versehen und an der Dachreling befestigen kann. Oder man kauft eine fertige „Top Box" aus Kunststoff, die je nach Größe ca. 200–390 € kostet. Wir haben sperrige, aber leichte Gegenstände wie Klapptisch und -stühle oft einfach im Alkoven verstaut.

015wr Abb.: rh

Für Fahrräder gibt es geeignete **Heckträger,** auf denen die teuren Drahtesel allerdings tüchtig verspritzt und eingestaubt werden, sofern man sie nicht zumindest mit einer Plane verpackt. Besonders ruinös ist das Spritzwasser, falls Salz gestreut wird! Neuere Wohnmobile besitzen oft einen

016wr Abb.: vm

▲ *Da geht was rein: Mini-Garage beim Traummobil von Variomobil*

riesigen **Heckstauraum** (Heck-Garage), in dem man die Räder bequem und geschützt transportieren kann.

Um den Rasierapparat oder andere 230-V-Geräte auch ohne Netzanschluss betreiben zu können, kann man sich einen **Spannungswandler** (Gleichrichter) einbauen, der 12-V-Gleichstrom in 230-V-Wechselstrom umwandelt und bei einer Leistung von 150 Watt ca. 70 € kostet. Wandler mit deutlich höherer Leistung sind erheblich teurer und strapazieren die Batterie. Um möglichst lange vom Strom unabhängig zu sein, kann man sich einen **Generator** zulegen, der zudem 230-Volt-Strom liefert – allerdings auch Lärm macht und Abgase produziert – oder eine **Solarstrom-Anlage** installieren, die zwar derzeit noch teurer ist als ein Generator (Preise fal-

Kühlen mit Sonnenenergie?
Dies ist nur mit einem Kompressor-Kühlschrank möglich, da Absorbergeräte im 12-V-Betrieb einen zu hohen Stromverbrauch und einen schlechten Wirkungsgrad haben.

Füllstand-Anzeige

Mit dem Sonatic L (bzw. Duo) bietet Truma inzwischen ein Ultraschall-Messgerät, das den exakten Füllstand der Gasflasche ermittelt und am Display im Innenraum anzeigt. Mit Prognose-Funktion ausgestattet, errechnet es sogar, wie lange der Gasvorrat bei gleich bleibendem, Verbrauch noch reicht!

017wr Abb.: tr

lend) und weniger leistet (Effizienz steigend), aber dafür ständig kostenlosen Strom (ohne Lärm und Abgase) erzeugt, solange die Sonne scheint. Eine Anlage mit 150 Watt Leistung wird zwar Ihren Strombedarf nicht völlig decken (besonders im Winter nicht), doch kombiniert mit einer 200-Ah-Batterie kann sie die Unabhängigkeit vom Netz erheblich verlängern.

Für die **Gasheizung** lohnt sich (besonders wenn man öfters bei kälterem Wetter unterwegs ist) das Triomatic-System von Truma (s. Anhang) für ca. 115 €, an das zwei geöffnete Flaschen angeschlossen werden. Der Regler sorgt dafür, dass erst eine Flasche entleert wird und schaltet automatisch auf die zweite um, ohne dass man im Schlaf gestört wird. Für ca. 60 € mehr gibt es eine Fernanzeige, die sofort signalisiert, wenn die erste Flasche leer ist, und für den Winterbetrieb kann man das System mit Eis-Ex ausstatten lassen. Dann wird der Regler elektrisch beheizt, um nicht zu vereisen.

Gasfernschalter

Während der Fahrt sollten die Flaschenventile aus Sicherheitsgründen stets geschlossen sein - doch wer macht das schon?! Mit dem Gasfernschalter (Truma) ist das kein Problem; denn damit kann per Knopfdruck - vom Innenraum aus - die komplette Gasversorgung abgesperrt werden. Eine Leuchtdiode am Bedienteil zeigt die Betriebsbereitschaft an.

Befüllen und Beladen

Der Urlaub steht bevor, Sie haben bereits erste Probefahrten mit Ihrem neuen Wohnmobil gemacht und es nach Ihren Vorstellungen ergänzt und ausgestattet? Dann geht es jetzt in die heiße Phase.

Schon einige Tage vorher können sie beim nächsten Händler volle **Gasflaschen** erwerben. Falls Sie zwei 11-kg-Flaschen bunkern können, reicht es aus, rote Leihflaschen zu nehmen, denn dieser Vorrat sollte im Sommer gut und gerne 7–8 Wochen reichen. Wer hingegen auch im Winter einmal 1–2 Wochen Urlaub im Inland machen möchte, sollte sich für die grauen Tauschflaschen entscheiden, für die man zwar teures Geld bezahlt, die man dann aber überall im Inland gegen volle tauschen kann, während man die roten dorthin zurückbringen muss, wo man sie gekauft hat.

Für längere Reisen im Ausland kann man sich entweder für ca. 15 € ein **Flaschen-Füllset** besorgen, das aus vier Adaptern besteht, die auf Ihre Gasflasche passen und es ermöglichen, die Flasche im Ausland auffüllen zu lassen (falls man eine geeignete Füllstation findet!), oder ein **Euro-Flaschenset,** das umgekehrt auf verschiedene ausländische Gasflaschen passt, sodass diese an den Druckminderer Ihres Systems angeschlossen werden können. Bequemer geht das Nachfüllen im Ausland mit einer **Tankflasche** oder einem **Gastank.**

018wr Abb.: wg

Wenn Sie **Chemikalien** für Ihre Camping-Toilette verwenden, sollten Sie sich im Campinghandel einen kleinen Vorrat zulegen (umweltschonende Mittel wählen und nicht überdosieren). Mit den heute üblichen **Entlüftungssystemen** (z. B. von SOG) kann man jedoch auf Chemikalien ganz verzichten, ohne unter üblen Gerüchen zu leiden – und hat dann enorme Vorteile bei der Entsorgung (s. u.)!

Auch für die ↗**Wasserentkeimung** können Sie sich dort gleich die geeigneten Mittelchen besorgen – sofern Sie Trinkwasser für mehr als drei Tage im Haupttank bunkern oder unterwegs aus zweifelhaften Quellen zapfen wollen. Solange man entkeimtes Trinkwasser verwendet und es nicht zu lange lagert, kommt man nach unseren Erfahrungen gut ohne solche Mittel aus. Präparate auf Silberbasis (z. B. Micropur) dienen nur der Konservierung des Wassers über einen langen Zeitraum (laut Hersteller mehrere Monate). Um Wasser zuverlässig zu entkeimen, braucht man Chlorpräparate (z. B. Drinkwell Chlor). Wenn Sie den Wassertank zu Hause vor dem Start auffüllen, brauchen Sie kein Entkeimungsmittel (das Leitungswasser ist bereits ausreichend gechlort!), sondern allenfalls ein Silberpräparat, das Sie in den Tank geben, bevor Sie das Wasser einfüllen.

Wasserentkeimung bei Mietmobilen

Bei Mietfahrzeugen kann man auf den Vermieter vertrauen – oder den Wassertank vor dem Füllen reinigen und durchspülen. Neuerdings gibt es aber für die Vermieter sehr strenge Auflagen zur Gewährleistung der Wasserqualität.

Das **erste Auffüllen** des Wassertanks ist etwas aufwändiger als das Nachfüllen unterwegs. Hier eine Checkliste, damit Sie nichts vergessen:

❏ Überprüfen, ob der **Wassertank** trocken und sauber ist.
❏ Nachsehen, ob **Ablaufhähne** von Tank und Boiler geschlossen sind.
❏ Wassertank **auffüllen.**
❏ Pumpe am **Hauptschalter** einschalten und einen Warmwasserhahn öffnen (bzw. die Mischbatterie auf „heiß" einstellen).

- ❑ So lange warten, bis alle **Luft** entwichen ist und das Wasser ruhig fließt (erst dann ist der Boiler gefüllt).
- ❑ Den **Hahn** schließen und mit den anderen entsprechend verfahren, bis das ganze System geflutet ist.
- ❑ Wassertank **wieder nachfüllen.**

! Achtung, falls die Druckpumpe nicht kurz nach dem Schließen der Hähne abstellt, ist sie entweder defekt oder das Wassersystem hat eine undichte Stelle!

Auf der Rückfahrt vom Campinggeschäft halten Sie beim Supermarkt, um einen Vorrat an **Lebensmitteln** zu bunkern. Diese können so direkt in den Staukasten wandern und müssen nicht zweimal umgeladen werden. Denken Sie jedoch daran, schwere Dinge (Konserven, Getränke) möglichst tief (unter den Sitzbänken) und zwischen den Achsen zu verstauen – bei Frontantrieb möglichst weit nach vorn und keinesfalls hinter der Hinterachse. Lebensmittel, die gekühlt oder gar tiefgefroren gelagert werden müssen, sollten Sie zu Hause zunächst in Kühlschrank oder Gefriertruhe lagern, damit sie gut vorgekühlt in den Kühlschrank des Wohnmobils kommen. Außerdem sollten Sie Ihr Fahrzeug in der Nacht vor der Abreise ans **230-Volt-Stromnetz anschließen,** damit der Kühlschrank ordentlich in die Gänge kommt und die Bordbatterie zu 100% aufgeladen ist (bei längerer Anreise wird sie auch unterwegs noch ausreichend geladen).

Überprüfen Sie anhand Ihrer Checklisten, ob nichts Wichtiges fehlt. Als Basis kann die Checkliste auf S. 40 dienen, die Sie nach eigenen Vorstellungen ergänzen. Und schließlich sollten Sie es nicht versäumen, mit allen Mitreisenden vollbetankt und beladen einmal **auf die Waage** zu fahren (z.B. beim

▶ *Adria-Magistrale bei Brela, Dalmatien*

019wr Abb.: rh

nächsten TÜV), um das Gesamtgewicht sowie die Achslasten hinten und vorn zu messen - und dann im Kfz-Schein nachschauen, ob Sie noch innerhalb des zulässigen Limits sind. Das ist im Interesse Ihrer eigenen Sicherheit, denn ein überladenes Fahrzeug ist schlechter zu bremsen, in Kurven schwerer zu kontrollieren und für einen Reifenplatzer viel anfälliger! Aber Sie können sich auch erhebliche Probleme ersparen, denn in den Ferienzeiten werden Wohnmobile verstärkt kontrolliert und gewogen - an den Autobahnen, aber z. B. in Skandinavien an manchen Tagen auch sofort, wenn sie von der Fähre rollen. Und dann kann es mit dem Urlaubsvergnügen rasch vorbei sein, denn überladen weiterfahren dürfen Sie nicht - und was machen Sie in dieser Situation mit dem Übergewicht?! Also, lieber vor der Abreise kontrollieren, unnötigen Ballast zu Hause lassen und evtl. auch den Wassertank nicht ganz füllen.

▼ *Genug vorbereitet, jetzt wird gefahren! Und zwar zuerst in … die Richtung!*

020wr Abb.: rh

Abfahrt

Endlich ist alles startklar. Leinen los, das Abenteuer lockt! Doch nicht zu hastig – ist auch wirklich alles bereit für die Fahrt?

Checkliste vor der Abreise

- ❏ **Wassertank** gefüllt?
- ❏ **Wasserentkeimungs-/-konservierungsmittel** vorhanden (falls erforderlich)?
- ❏ **Batterien** geladen?
- ❏ **Toilette** geleert und Wasserbehälter voll?
- ❏ **WC-Chemikalien** vorhanden (falls erforderlich)?
- ❏ **Kühlschrank** gut vorgekühlt und auf 12 V umgeschaltet?
- ❏ **Stromkabel** entfernt und verstaut?
- ❏ **Reifendruck** geprüft (vor Langstrecken ca. 0,3 Bar mehr als angegeben)?
- ❏ Übliche **Checks** wie vor jeder Reise (Papiere, Licht, Wasserhähne etc.).

Checkliste vor jedem Start

(am besten kopieren und an Armaturenbrett oder Sonnenblende befestigen)

- ❏ **Stromkabel** entfernt?
- ❏ **Kühlschrank** auf 12 Volt oder Gas umgestellt?
- ❏ **Haupt-Gashahn** geschlossen?
- ❏ Alle Fenster, Außenklappen und Dachluken **geschlossen?**
- ❏ Trittstufe, Fernseh-Antenne und Markise ganz **eingefahren?**
- ❏ **Stützen** hochgeklappt, **Auffahrkeile** verladen?
- ❏ Alle Schubladen und Klappen **geschlossen** und **verriegelt?**
- ❏ **Bewegliche Gegenstände** sicher verstaut?

Na denn. Los geht's und viel Spaß!

004wr Abb.: rh

▶ *Badespaß am Jabelschen See in Mecklenburg-Vorpommern*

Unterwegs

Wohnmobil-Urlaub hat den Vorteil, dass er nicht erst am Urlaubsort beginnt, sondern bereits beim Start vor der Haustür. Damit das stimmt, muss man die Fahrt aber auch entsprechend gestalten.

Fahr- und Fahrerverhalten

Das „typische" (eher untermotorisierte) Wohnmobil hat sein eigenes **Fahrverhalten,** dem man sich als Fahrer am besten von Anfang an anpasst – dann kann man auch den Urlaub von Anfang an genießen: Lehnen Sie sich bequem zurück, genießen Sie den Ausblick und stellen Sie Ihren Gasfuß auf **„gemütliches Reisetempo"** – auf der Autobahn um 80–100 km/h; auf kurvenreichen Landstraßen Bummeltempo. Ihr (vermutlich schwer beladenes) Fahrzeug wird es Ihnen danken, Sie selbst haben mehr von der Fahrt und die Unfallgefahr sinkt deutlich. Sie können es sich leisten, denn Sie haben ja Ihr Hotel samt Imbissbude, Restaurant und Siesta-Couch stets dabei, sodass es Ihnen egal sein kann, wann Sie ankommen. Denken Sie aber auf schmalen und unübersichtlichen Straßen auch daran, dass nicht alle zum Vergnügen unterwegs sind – und bieten Sie, wo immer es geht, die Möglichkeit zum Überholen (auch wenn Sie dazu gelegentlich rechts rausfahren müssen).

Tagesetappen

Rechnen Sie bei An- und Abreise mit maximal 8–10 Stunden reiner Fahrzeit und einer Durchschnittsgeschwindigkeit von 80 km/h (Autobahn ohne Stau!), dann können Sie pro Tag etwa 600–800 km zurücklegen. Absolute Obergrenze sollten 1000 km sein – selbst unter günstigen Bedingungen.

Die richtige ↗**Zeiteinteilung** trägt dazu bei, dass schon die Anreise zum Urlaub gehört. Sie können es sich leisten, einen Tag früher zu starten, denn Sie müssen keine Übernachtung bezahlen! Da die Welle der Hotelurlauber samstags losrollt, starten Sie schon am Freitagabend, um ihr eine Nasenlänge voraus

021wr Abb.: rh

▲ *Raus aus dem Stau, rein in die Pause!*

zu sein. Auf einem ruhigen Parkplatz verbringen Sie eine erholsame Nacht, starten zeitig am nächsten Morgen, halten kurz beim Bäcker und sitzen schon beim zweiten Frühstück mit frischen Brötchen und Alpenpanorama, wenn die PKW-Urlauber erst losrollen. Berüchtigte Nadelöhre, wie notorische Staustellen, Baustellenstrecken, Großstädte, Grenzübergänge etc., passiert man am besten nachts (Wochenenden und Feiertage meiden). Und falls Sie doch in einen Stau geraten: Cool bleiben! Fahren Sie den nächsten Parkplatz an – oder (falls es dort auch zu voll ist) bei der nächsten Abfahrt runter und ins Grüne – und machen Sie ein gemütliches Picknick, eine Siesta, eine Badepause am See oder eine Besichtigung, bis sich die Blechlawine aufgelöst hat.

Doch auch wenn der Verkehr zügig fließt, sind **Pausen** wichtig. Mit dem Wohnmobil steht man nicht unter Zeitdruck, zu einer bestimmten Zeit ankommen zu müssen, und kann daher Pausen machen, so wie man es als angenehm empfindet. Und falls man dann doch etwas länger braucht als erwartet, so macht das nichts: Dann übernachtet man eben kurz vor dem „Ziel" noch einmal. Solche nicht von einem stereotypen Schema, sondern vom eigenen Bedürfnis (oder dem der Kinder!) diktierten Pausen haben den Vorteil, dass man sie eher einhält als jene, für die man stets auf die Uhr schauen muss.

Nach unseren Erfahrungen hat es sich bewährt, früh zu starten, zwischen 9 und 10 Uhr an einem netten Plätzchen ein zweites Frühstück zu machen und sich dann um die Mittagszeit eine lange Pause zu gönnen – auf einem ruhigen schattigen Platz, wo die Kinder spielen können, während der Copilot Küche macht und der Chauffeur einen Spaziergang oder ein Mittagsschläfchen. Auf langen (An-/Abreise-)Strecken machen wir abends zwischen 18 und 20 Uhr eine längere Pause, um dann gemütlich noch einige Stunden zu rollen, wenn der Verkehr nachgelassen hat.

Kinder im Wohnmobil sind nur schwer anzubinden. Besser und sicherer ist es allemal und wenn Sie es durchsetzen können, dann bestehen Sie darauf, dass das Wohnmobil nur fährt, solange jeder angegurtet ist. Ich habe es auch versucht – aber die Praxis sieht meist anders aus. Also habe ich es mir angewöhnt, in gemütlichem Tempo und sehr vorausschauend zu fahren, sodass keine plötzlichen Lenk- oder Bremsmanöver erforderlich werden. Bedenken Sie jedoch, dass alles nichts nützt, wenn ein anderer Verkehrsteilnehmer Sie zu einem raschen Manöver zwingt. Das Risiko lässt sich nur verringern – nicht ausschließen. Deshalb ist es mit Gurt immer besser. Wenn sich die Kinder während der Fahrt hinlegen wollen, dann müssen sie bei uns mit den Füßen in Fahrtrichtung liegen – nie quer. Manche empfehlen den Alkoven, da er außerhalb der Knautschzone liegt. Nachdem Tests jedoch gezeigt haben, was bei einem Aufprall mit Kindern im Alkoven passiert, kann man dies sicher nicht mehr befürworten.

Das oben erwähnte **Fahrverhalten des Wohnmobils** beschränkt sich jedoch nicht auf das Tempo. Unter „Normalbedingungen" ist ein modernes Wohnmobil auf der Strecke zwar fast ebenso problemlos zu fahren wie ein PKW, aber z. B. bei **Seitenwind** (oder auch in engen Kurven) ändert sich das Verhalten schon spürbar. Besonders bei kurzzeitigem Windschatten (etwa durch einen überholten LKW oder eine Brücke) kann das Wohnmobil durch seine große Angriffsfläche stark versetzt werden. Und in engen Kurven verhält es sich durch den höheren Schwerpunkt ganz anders als ein PKW mit tiefer Straßenlage. Da hilft nur reduziertes Tempo und vorausschauendes Fahren. Auch vor **Bahnübergängen** unbedingt rechtzeitig das Tempo drosseln, damit Ihr rollendes Zuhause keine Bock-

▼ *Nicht immer sind Kinder im Womo so vergnügt wie hier*

022wr Abb.: rh

sprünge macht, die vor allem Passagiere im Heck (und Geschirr!) durch die Luft hüpfen lassen! Der längere **Radstand** macht sich erst bemerkbar, wenn Sie eine Abzweigung verpasst haben und wenden müssen. Wie mit dem PKW auf der Straße wenden – das geht nicht! Aber auf wenig befahrenen Landstraßen reicht schon der nächste Hofraum, Parkplatz oder Feldweg. Blinker setzen, kurz dahinter anhalten, rückwärts hineinstoßen und vorwärts nach links wieder in die Gegenrichtung biegen. Auf Straßen mit schnellem Verkehr ist das zu gefährlich. Dann müssen Sie auf einen Parkplatz oder Hof fahren, um das ganze Wendemanöver außerhalb der Straße durchzuführen.

Beim Manövrieren auf engem Raum (z. B. Einparken, Tankstellen) kann ein langer **Hecküberhang** erhebliche Schäden verursachen! Daher sollte man in solchen Situationen bei jedem Lenkeinschlag im Rückspiegel das Heck beobachten und sehr langsam anfahren. Besonders heikel sind wegen eingeschränkter Sicht auch alle **Rückfahrmanöver.** Am besten ist es, sich stets von jemand einweisen zu lassen. Andere Rückfahrhilfen finden Sie unter „Zubehör". Auch bei Vorwärtsmanövern auf Parkplätzen, in engen Gassen, an Tankstellen etc. ist der **Alkoven** verstärkt gefährdet (durch Äste, Hausvorsprünge etc.). Da man ihn nicht ganz im Blick hat, muss man daran denken und Sicherheitsabstand einhalten. Noch besser: sich einweisen lassen oder im Zweifelsfalle anhalten und aussteigen, um zu schauen.

Strikt zu beachten sind außerdem **Höhenangaben** (gelegentlich auch Breite) von Brücken und Durchfahrten – bzw. Alleebäume und Felsüberhänge! Sonst hat das Wohnmobil selbst bei mäßigem Tempo kaum mehr als Schrottwert. Befestigen Sie am Armaturenbrett einen Zettel mit Höhe und Breite Ihres Fahrzeugs – und denken Sie daran, die

023wr Abb.: rh

▲ *Hoffentlich kommt jetzt kein Gegenverkehr …*

tatsächliche Höhe einzutragen und zu korrigieren, wenn sie durch eine Dachlast (z. B. Kiste, Kanu o. Ä.) erhöht wird! Oft ist bei Höhenangaben eine Toleranz einkalkuliert – aber darauf kann man sich keinesfalls blind verlassen!

Fähren

Einige der reizvollsten Ziele sind nur auf dem Wasserweg erreichbar. Dann ist – ausnahmsweise – auch der Wohnmobil-Reisende an einen festen Termin gebunden, denn in der Ferienzeit sollten längere Fährpassagen unbedingt reserviert werden. Vergleichen Sie die Preise verschiedener Gesellschaften und zu unterschiedlichen Wochentagen (der Unterschied kann erheblich sein – auch von einem Tag zum nächsten!) und ziehen Sie günstige Paketangebote (Pauschalpreis für Womo bis x Meter inkl. y Personen) in Betracht. Dadurch kann die – während der Hauptreisezeit meist teure – Überfahrt deutlich günstiger werden.

Um jedem Zeitdruck und Stress zu entgehen (und zugleich dem Risiko, bei einem Stau das teure Fährticket verfallen zu sehen!), sollte man reichlich **Zeitreserve** einplanen – und eine Ankunft im Hafen wenigstens zwei Stunden vor Abfahrt der Fähre. Läuft alles reibungslos und man kommt einen halben Tag zu früh an, kann man im Hafenort etwas besichtigen oder in der Nähe einen Strand aufsuchen. Steht man unter den ersten in der Warteschlange, kann man in Ruhe noch ein Essen kochen oder Kaffeepause machen, sich ausruhen oder die Überfahrt vorbereiten – und hat gute Chancen, auch unter den ersten zu sein, die auf die Ferieninsel rollen.

Fahrzeugmaße:
Beachten Sie, dass sich die Fahrzeugmaße (die Sie bei der Fähr-Buchung angeben müssen) gewöhnlich auf die in den Papieren eingetragenen Maße beziehen; d. h., dass etwa ein abnehmbarer Fahrradträger oder eine Top-Box in diesem Falle nicht zu berücksichtigen sind.

024wr Abb.: rh

Besonders bei kleineren Fähren sind die **Auffahrrampen** oft unangenehm steil. Trotz der professionellen Einweiser haben uns solche Rampen einmal die Frontverkleidung beschädigt und mehrfach hat der Hecküberhang aufgesetzt. Fahren Sie vorsichtig und im ersten Gang heran – und eher etwas schräg zur Auffahrt. Meist haben die Einweiser Keile zur Hand, mit denen sie den Böschungswinkel brechen können, falls es zu knapp wird. Auch beim Verlassen der Fähre im kleinsten Gang von der Rampe kriechen, damit das Fahrzeug wenig einfedert.

Die **Gasanlage** muss auf der Fähre abgestellt sein (Haupthahn an der Flasche). Daran sollten Sie denken, ehe Sie das Frostfach mit Eiscreme und anderem Gefriergut füllen. Längst nicht jeder hält sich daran und kontrolliert wird praktisch nie – aber wehe, wenn etwas passieren sollte! Versuchen Sie lieber, wenn das erste Gedränge vorbei ist, eine 230-V-Steckdose zu finden, ein Kabel zu legen und den Kühlschrank auf Strom umzuschalten.

Auf längeren Überfahrten bleibt mancher **im Fahrzeug** (um eine Kabine zu sparen), was eigentlich ebenfalls verboten ist, aber ebenso wenig kontrolliert wird. Sehr angenehm ist es nicht gerade – oft heiß und stickig –, bei schwerem Seegang wird einem da unten vermutlich recht mulmig werden, Fahrzeuge können verrutschen und Sie einklemmen, und falls das Schiff kentern sollte, dann gute Nacht! Immer mehr Gesellschaften bieten aber inzwischen auch die Möglichkeit des **„Camping an Deck“** (besonders auf Langstrecken wie nach Griechenland oder in die Türkei) an, d. h., dass man sein Wohnmobil auf dem Oberdeck im Freien abstellt, sodass man sich jederzeit auch

Hängematte statt Kabine
Wer eine Hängematte dabei hat, kann diese an einer passenden Stelle aufhängen – z. B. zwischen den Halterungen für die Rettungsboote – und dann die ganze Überfahrt darin verschlafen (mit reichlich frischer Luft und Sonne!).

im Fahrzeug aufhalten kann. Wer einen Platz an der Reling ergattert, hat einen erstklassigen Ausblick.

Wenn Sie das **Fahrzeug verlassen** (was zumindest bei Überfahrten am Tag angenehmer ist), sollten Sie vorher alles zusammenpacken, was Sie an Deck brauchen bzw. nicht zurücklassen wollen (Papiere, Geld, Wertsachen, Sonnencreme/-brille, Snack, Buch, Spiele etc.), das Womo abschließen und sich Nummer oder sonstige **Kennzeichnung des Fahrzeugdecks und Treppenaufgangs** merken oder noch besser aufschreiben! Nichts ist ekelhafter, als im chaotischen Gedränge bei Ankunft endlich das Fahrzeugdeck erreicht zu haben und dann zu merken, dass es das falsche ist oder dass Sie sich am ganz verkehrten Ende davon befinden!

Nahe dem Zielhafen frühzeitig den Weg **zurück zum Wohnmobil** suchen (sonst steckt man im Gedränge), damit es keine Hektik gibt. Und versuchen Sie, das Deck möglichst nahe bei Ihrem Wohnmobil zu erreichen, denn so eng und verschachtelt, wie die Fahrzeuge verstaut sind, kann man kaum noch dazwischen durchschlüpfen!

Übernachten

Wer zum ersten Mal mit dem Wohnmobil unterwegs ist, fühlt sich oft recht unsicher bei der Frage, wo er damit übernachten kann oder soll. Ist es nicht gefährlich, auf einem Parkplatz zu übernachten? Darf man das überhaupt – und ist es nicht peinlich, so in aller „Öffentlichkeit“ zu schlafen?!

Campingplätze

Es macht nicht viel Sinn, rund 50.000 € für ein möglichst autarkes Wohnmobil zu bezahlen – und dann noch einmal jede Nacht 20 € oder noch

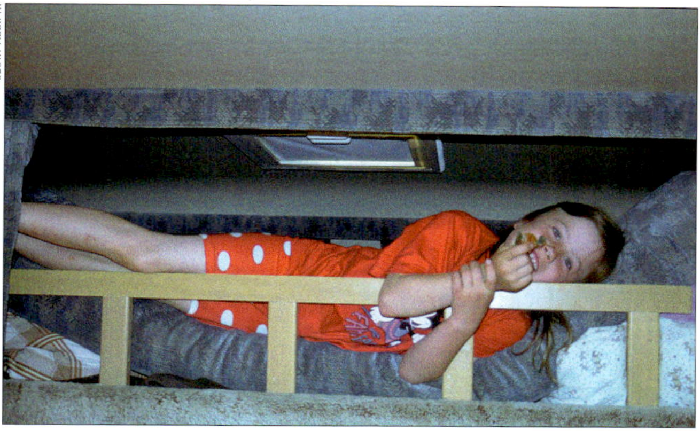

025wr Abb.: rh

▲ *Wie man sich bettet …*

mehr für einen Campingplatz auszugeben, obwohl man nicht mehr als einen Parkplatz braucht.

In manchen Fällen kann es sinnvoll sein, einen Campingplatz zu benutzen - insbesondere, wenn man längere Zeit am gleichen Ort bleiben will, aber z.B. auch in oder nahe einer größeren Stadt, die man besichtigen möchte. Auch einfach ausgestattete Campingplätze in reizvoller Lage können für Wohnmobilisten attraktiv sein. Aber meist sind die Preise einfach zu hoch - gemessen an dem, was man tatsächlich braucht. Mancher Platzbetreiber hat daraus die richtige Konsequenz gezogen und billigere **Wohnmobil-Camps** geschaffen - außerhalb des eigentlichen Geländes und ohne Zugang zu den Sanitäranlagen.

Wohnmobil-Stellplätze

Erfreulich ist die rasch wachsende Zahl speziell eingerichteter Wohnmobil-Stellplätze. Allein in Deutschland dürfte ihre Zahl rund 3000 erreicht haben. In Frankreich gibt es vielfältige Möglich-

Stellplatz-Atlas
Eine ganze Reihe praktischer Verzeichnisse sind für ca. 18 € unter dem Titel „Stellplatz-Atlas" (für Deutschland, Frankreich, Italien etc.) vom Hallwag Verlag erhältlich.

keiten am Mittelmeer und auf Bauernhöfen oder Winzereien. In anderen Ländern hingegen (z. B. Kroatien) wurde diese Marktlücke bisher leider noch gar nicht erkannt.

Die teils von Gemeinden, teils von Gaststätten, Wohnmobilfirmen oder anderen Privatunternehmern eingerichteten Wohnmobil-Stellplätze sind entweder recht preisgünstig oder sogar ganz kostenlos. Ihre Ausstattung ist recht verschieden. Teils sind es schlichte Parkplätze, doch oft werden Ver- und Entsorgungsmöglichkeiten und manchmal auch Stromanschlüsse geboten. Auf einigen ist die Zahl der Übernachtungen begrenzt.

Verzeichnisse solcher Stellplätze sind im Buchhandel erhältlich (z. B. von den großen Wohnmobilzeitschriften herausgegeben) und teils auch auf CD (s. „Reiseplanung"). Aber auch spezielle Wohnmobil-Reiseführer wie die Bände der neuen „Wohnmobil-Tourguide" Reihe des Reise Know-How Verlages enthalten viele nützliche Stellplatz-Tipps.

026wr Abb.: rh

Park- und Rastplätze

Besonders während der An- und Abreise gehören Park- und Rastplätze an Autobahnen zu den bevorzugten Übernachtungsplätzen – und in Ferienzeiten geht es dort manchmal zu wie auf dem Campingplatz. Sie sind gewiss nicht eben ruhig – aber man muss nicht lange danach suchen und keine Umwege machen, ist unter Seinesgleichen, fühlt sich sicherer und kann auch die Sanitäranlagen nutzen. Manche Raststätten sind sogar schon mit Entsorgungsstationen für Wohnmobile ausgestattet und besitzen eigene Parkbereiche für Reisemobile, auf denen es ruhiger ist als zwischen den Brummis!

Folgende **Tipps** können dabei hilfreich sein:

- **Parkplätze** sind meist ruhiger als Raststätten (besonders für LKW gesperrte Parkplätze).
- An Raststätten einen ruhigen Winkel am Rande suchen – z. B. **Picknick-Bereich.**
- Wo es spezielle **Womo-Parkplätze** gibt, sollte man diese nutzen!
- Möglichst **nicht im LKW-Bereich** nächtigen: Kühlaggregate und ankommende oder startende Trucks können dort die ganze Nacht durch einen nervigen Lärm machen, der nächste Brummi fährt vielleicht dröhnend bis auf eine Handbreit an Ihr Schlafzimmer heran – und am Morgen sind Sie hoffnungslos zugeparkt.
- Auf den meisten Raststätten ist das Übernachten sicher und problemlos – aber es gibt auch Regionen, in denen von einer **Raststätten-Übernachtung dringend abzuraten** ist – z. B.:

Risiko-Regionen meiden

Für die Polizei in Südfrankreich sind die Womo-Knacker auf Raststätten Routine, aber sie kümmert sich kaum darum. Ich bin der Meinung, dass man in solchen Fällen nicht nur die notorischen Gefahrenstellen selbst meiden, sondern die ganze Urlaubsregion und auf ein sicheres Gebiet (z. B. Kroatien) ausweichen sollte, bis die Behörden endlich aufwachen!

! **Südfrankreich,** insbesondere an der Küste und im Rhônetal. Hier werden regelmäßig Wohnmobile geknackt und ausgeraubt, nachdem man **die Schläfer mit Gas betäubt** hat (uns ist das auch schon passiert)!

Ähnliches hört man auch von der **spanischen Küste,** besonders im Bereich von Barcelona!

Auch **Nord-Italien,** speziell zwischen Florenz und Rom, soll ähnlich gefährlich sein!

Gaststätten und Stadtplätze

Viele Reisende, die auf einem abgelegenen Wanderparkplatz kein Auge zutun würden (weil es dort so dunkel und einsam ist), fühlen sich auf einem Parkplatz in der Stadt sicherer, weil dort Licht ist und andere Menschen sind. Tatsächlich jedoch ist man auf dem abgelegenen Parkplatz nicht nur ungestörter, sondern auch sicherer – schon aus dem Grund, weil dort nachts meist wirklich kein Mensch hinkommt, während in Städten und bei Gaststätten oft allerhand unruhiges Volk unterwegs ist – manchmal auch eine Clique Übermütiger, die Ihnen vielleicht nur einen Streich spielen will und Sie damit doch höllisch erschreckt. Und besonders dort, wo regelmäßig nachts Wohnmobile stehen, gibt es u. U. auch Spezialisten, die sich durch Einbrüche ihren Lebensunterhalt verdienen. Auf einen Wanderparkplatz werden sich diese Profis sicher nicht verirren.

Die empfohlenen **Gaststätten-Parkplätze** sind meist wenig geeignet, da aufbrechende Gäste die halbe Nacht durch Lärm machen und Betrunkene manchmal recht blöde Ideen haben. Ausnahmen sind Parkplätze schön gelegener Ausflugslokale oder Speiserestaurants, die schon früh schließen.

Weiterhin sollten Sie **in der Stadt** beachten:

- **Ruhige Wohngebiete** oder die **peripher gelegenen Parkplätze** von Schwimmbädern, Krankenhäusern, Sportplätzen o. Ä. sind vorzuziehen.
- Auf einem größeren Parkplatz in der Innenstadt stehen Sie wie auf dem **Präsentierteller** und müssen damit rechnen, auch von der Polizei gestört zu werden.
- Im **Mittelmeerraum** können sich Straßen und Plätze, die am Nachmittag wie ausgestorben wirken, nach Sonnenuntergang plötzlich stark beleben!
- Achten Sie auf **Schilder und Hinweistafeln:** Wo Sie abends einen großen Parkplatz finden, kann anderntags ein lärmendes Markttreiben sein!

Platzsuche

Jeder Wohnmobilist weiß ein Lied davon zu singen: Genau dann, wenn man einen Parkplatz sucht, ist plötzlich keiner mehr zu finden! Also suchen Sie **frühzeitig** – und auf jeden Fall deutlich **vor Einbruch der Dämmerung,** denn in der Dunkelheit ist es schwer, etwas zu finden, und man riskiert unangenehme Überraschungen!

Ideale **Plätze in der Natur** sind z. B.:

- Wanderparkplätze,
- Grillstellen,
- Badeufer an Seen,
- Strand-Parkplätze am Meer,
- Spielplätze in der Natur,
- Liftparkplätze im Sommer,
- Parkplätze von Schlössern, Tierparks, Höhlen und anderen Attraktionen je nach Jahreszeit.

Am besten sollten sie von der Straße nicht einsehbar sein und so liegen, dass man jederzeit (auch nachts) problemlos wieder wegfahren kann. Liegt der Platz in Sichtweite einer Siedlung, so kann es besser sein, wenn man zunächst an anderer Stelle parkt und erst bei Einbruch der Dunkelheit zurückkehrt, um nicht die Dorfjugend auf sich aufmerksam zu machen.

Natur statt Stadt!
Nach unseren Erfahrungen sind abgelegene Plätze in der Natur nicht nur deutlich ruhiger, sondern auch wesentlich sicherer als Stellplätze in einer belebten Stadt.

Innerhalb städtischer Gegenden kann man folgende Plätze probieren:

- **Sportplatz/Hallenbad,**
- **Freibad, Spielplatz,**
- **Schulen, Behörden** (in Ferien und am Wochenende!),
- **Kirche** (allerdings nicht am Wochenende),
- **Krankenhaus/Klinik,**
- **Friedhof** (ruhig und immer mit Wasserhahn!),
- **Supermarkt** (aber nicht im Bereich der Warenanlieferung!),
- **Wohngebiete** der Peripherie.

Zu Ihrer **Sicherheit** (aber vor allem, um sich sicher zu fühlen) können Sie Folgendes beachten:

- Einen Platz wählen, der von der Straße **nicht einsehbar** ist.
- Den Platz **am Tag aussuchen** und bei Dämmerung anfahren.
- Stark **frequentierte Plätze** in Touristengebieten Südeuropas **meiden.**
- Alle **Rollos schließen.**
- So parken, dass man jederzeit, ohne zu wenden, **wegfahren** kann.
- Den Platz möglichst so wählen, dass die **Ausfahrt nicht blockiert** werden kann.
- **Keine Stützen** ausfahren, sondern nur Keile benutzen.
- Evtl. Fahrer- und Beifahrertür mit **Spanngurt** o. Ä. verbinden, sodass sie auch dann nicht zu öffnen sind, wenn das Schloss geknackt wurde.

- **Zündschlüssel** stecken lassen (oder griffbereit legen), Durchgang zum Fahrerhaus freihalten.
- **Alarmschalter** nahe dem Bett anbringen (s. u. „Sicherheit").

Sicherheit, Ruhe und weitere Vorteile im Paket bieten Plätze auf **Privatgrund,** wenn man z. B. einen Bauern fragt. Sie werden kaum je eine Absage kassieren, sondern im Gegenteil eher eine nette Urlaubsbekanntschaft machen. Dort dürfen Sie oft auch in solchen Ländern übernachten, in denen das Freistehen sonst verboten ist, und zudem können Sie frische Eier, Milch, Obst etc. kaufen.

Zehn FAQs zum Freistehen

Was das Freistehen anbetrifft, herrscht leider viel Unklarheit. Um die häufigsten Fragen zu beantworten, habe ich mich an das Verkehrsministerium gewandt, aus dessen Antwortschreiben die folgenden Zitate und Hinweise stammen. Das Gesagte gilt für Deutschland, ist aber auf eine ganze Reihe anderer europäischer Länder übertragbar (s. Länderliste am Ende dieses Kapitels).

Parken oder Campen?
Auch wenn der Begriff „Campen" verkehrsrechtlich nicht definiert ist: Als „Parken" gilt die einmalige Übernachtung im Fahrzeug; als „Campen" wird alles betrachtet, was darüber hinausgeht - insbesondere Campingmöbel aufstellen, Markise ausfahren etc.

- **Frage 1: Wo darf man im Wohnmobil übernachten?**

Überall, wo es nicht verboten ist.
„Ein einmaliges Übernachten in Wohnmobilen auf einem öffentlichen Parkplatz oder an anderer Stelle, wo das Parken erlaubt ist, ist zum Zweck der Fahrtunterbrechung zulässig. Es ist jedoch nicht erlaubt, mehrere Tage und Nächte ein Leben wie auf einem Campingplatz zu führen ... Dabei handelt es

sich nicht mehr um erlaubtes Parken, sondern um eine erlaubnispflichtige Veranstaltung nach Art. 29 Abs. 2 StVO."

- **Frage 2: Wie sind die Begriffe „Parken", „Übernachten" und „Campen" verkehrsrechtlich abgegrenzt?**

Die Begriffe „Übernachten" und „Campen" sind verkehrsrechtlich nicht definiert. Wer in seinem Fahrzeug übernachtet, der parkt nur. Sobald man jedoch anfängt, Campingmöbel ins Freie zu stellen, geht dies über das reine Parken hinaus und ist eine „erlaubnispflichtige Veranstaltung" (s. Frage 1).

- **Frage 3: Können Gemeinden das Nachtparken auf öffentlichen Parkplätzen verbieten?**

Nein. „Nicht die Gemeinden, sondern" nur „die örtlich zuständigen Straßenverkehrsbehörden können Anordnungen für die zeitliche Beschränkung des Parkens auf Parkplätzen treffen. So ist es möglich,

027wr Abb.: rh

die Parkdauer für bestimmte Fahrzeugkategorien zu beschränken – beispielsweise das Abstellen eines Wohnmobils nur in der Zeit von 8 bis 22 Uhr durch ein entsprechendes Zusatzschild zu gestatten. Ist eine Verkehrszeichenanordnung nicht getroffen, besteht für die Gemeinde nicht die Möglichkeit, ein einmaliges Übernachten ... zu verbieten."

- **Frage 4: Durch welche Zusatzschilder kann das Parken eingeschränkt werden?**

Hierfür gibt es zwei Möglichkeiten: entweder durch ein „Zusatzschild (Sinnbild) eines Wohnmobils sowie Zeitangabe" (s. o.) oder die Behörde muss „durch Zusatzschild all diejenigen Fahrzeuge aufführen, denen das Parken gestattet sein soll. Grundsätzlich darf das Parken nur dadurch eingeschränkt werden, dass man ausschließlich bestimmten Fahrzeugarten und/oder zu bestimmten Zeiten das Parken gestattet, *nicht* durch Zusatzschilder, die einzelne Fahrzeugarten ausschließen" (s. Frage 5).

- **Frage 5: Was ist von den bekannten Zusatzschildern mit durchgestrichenem Wohnmobil-Symbol zu halten?**

Dies sind **keine** offiziellen Zusatzschilder, da sie dem in obiger Antwort ausgeführten Grundsatz widersprechen. Der Herr vom Verkehrsministerium war sehr erstaunt, dass solche Zusatzschilder überhaupt existieren. Bei einer telefonischen Rückfrage erklärte er, dass die Kommunen zwar das Recht haben, zusätzliche Schilder zu erfinden, dass er aber eine solche Anordnung – da sie o. g. Grundsatz widerspricht – für sehr zweifelhaft hält und einem eventuellen Bußgeldbescheid gelassen entgegenblicken würde.

Natürlich sollte man nicht unnötig provozieren, aber man könnte auf solchen Parkplätzen getrost übernachten. Dies gilt auch für Parkplätze mit Zu-

028wr Abb.: rh

▲ *Manche Nachtlager sind zum Schlafen fast zu schade ....*

satzschildern, die das Parken zu bestimmten Zeiten verbieten und erst recht für Plätze mit durchgestrichenem Wohnwagen, denn Wohnmobile sind nun mal keine Wohnwagen.

- **Frage 6: Wo dürfen Wohnmobile parken, wenn auf einem Parkplatz ein Teil mit dem Zusatzschild „LKW" und der übrige mit „PKW" gekennzeichnet ist?**

Genau genommen, dürfen sie auf keinem der beiden Bereiche parken, da sie in der Regel als „Sonder-Kfz" zugelassen und daher weder PKW noch LKW sind. Das zulässige Gesamtgewicht spielt hierbei keine Rolle.

- **Frage 7: Gibt es eine rechtliche Grundlage dafür, auf Parkplätzen, auf denen das Parken 24 Stunden am Tag erlaubt ist, das Schlafen im Fahrzeug zu verbieten?**

Antwort des Verkehrsministeriums: „Die Frage ist kurz mit Nein zu beantworten". Trotzdem gibt es leider solche etwas lächerlich wirkenden Anordnungen. Werden sie allerdings häufiger ignoriert, kann es passieren, dass dieses Zusatzschild bald durch ein anderes ersetzt wird, das nur noch Personenwagen das Parken gestattet.

- **Frage 8: Mit welcher Begründung darf das Parken eingeschränkt werden?**

Das Parken darf nur dann eingeschränkt werden, wenn Sicherheit und Ordnung des Verkehrs die Einschränkung erforderlich machen (telefonische Auskunft des Verkehrsministeriums), also nicht mit der einfachen Begründung, dass Wohnmobile unerwünscht sind.

- **Frage 9: Was soll ein übermüdeter Wohnmobilfahrer tun, wenn er keinen Parkplatz ohne Nachtparkverbot oder sonstige Beschränkung findet?**

Grundsätzlich bleibt die Möglichkeit, das Wohnmobil auch „außerhalb eines gekennzeichneten Parkplatzes abzustellen, wo dies nicht ausdrücklich durch andere Rechtsnormen der StVO untersagt ist – beispielsweise am Straßenrand. Sollte es ... keinen Parkraum für den Wohnmobilfahrer geben, der auf Grund von Übermüdung nicht mehr ohne Gefährdung anderer bzw. Gefährdung seines eigenen Lebens weiterfahren kann, müsste er sein Fahrzeug, dann unzulässig, auf einem Parkplatz abstellen. Bei einem gegen ihn eingeleiteten Ordnungswidrigkeitsverfahren dürfte er sich dann wohl mit guten Gründen auf einen rechtfertigenden Notstand berufen können, sodass das gegen ihn eröffnete Ordnungswidrigkeitsverfahren eingestellt werden dürfte".

- **Frage 10: An wen kann ein Wohnmobilfahrer sich wenden, falls die Parkmöglichkeiten auf unzulässige Weise eingeschränkt werden?**

„Gegen ‚unzulässige' verkehrsrechtliche Anordnungen steht der Rechtsweg offen. Im Vorfeld sollte jedoch versucht werden, mit der zuständigen Straßenverkehrsbehörde bzw. deren vorgesetzter Dienststelle eine Klärung des Falles herbeizuführen." Dokumentieren Sie den Fall ggf. durch Fotos und wenden Sie sich an das Staatsministerium des Inneren des jeweiligen Bundeslandes.

Grundregeln der Etikette

Daran, dass das Freistehen mancherorts gar nicht gerne gesehen oder als „wildes Campen" verboten ist, sind einige wenige schwarze Schafe schuld. Tragen Sie mit dazu bei, dass der Ruf der Wohnmobilisten nicht schlechter, sondern besser wird:

- ❑ *Keinen Müll zurücklassen, sondern eher den von Vorgängern beseitigen!*
- ❑ *Kein Abwasser einfach versickern lassen!*
- ❑ *Keinesfalls die Chemietoilette einfach in den Wald schütten!*
- ❑ *Keine Fahrwege benutzen, die für den öffentlichen Verkehr gesperrt sind!*
- ❑ *Keine Wege oder Zufahrten versperren!*
- ❑ *Nirgends übernachten, wo man stören könnte!*
- ❑ *Waldbrandgefahr beachten und im Zweifelsfall kein offenes Feuer machen!*
- ❑ *Sich immer ruhig und rücksichtsvoll verhalten!*
- ❑ *Stets bedenken, dass man Gast ist!*
- ❑ *Wohnmobil-Reisende, die sich nicht so verhalten, freundlich darauf hinweisen!*

Sicherheit (Einbruch- und Diebstahlschutz)

Wer das Freistehen scheut, der tut dies meist, weil es ihm zu gefährlich erscheint. Dies ist verständlich, aber unbegründet. Gewiss gibt es Plätze und Regionen, die sicherer sind als andere (z. B. Parkplätze in der Natur und Länder wie Kroatien) und eher problematische Orte und Gegenden (z. B. Plätze in Städten und in Touristenzentren von Südfrankreich, Norditalien und Spanien). Aber egal, wo man übernachtet, Gefahr für Leib und Leben riskiert man in Europa wohl nirgends. Wenn etwas passiert, dann handelt es sich meist nur um Ruhestörungen (z. B. Ordnungshüter, die nach den Papieren fragen, oder Jugendliche, die Rabatz machen) oder im schlimmsten Fall um Diebstahl aus dem Fahrzeug – aber dies passiert praktisch nur in Touristengebieten und auf stark frequentierten Parkplätzen. Und von wirklichen Überfällen mit Bedrohung oder gar Verletzungen ist uns bislang nichts bekannt.

Zudem sind Diebstähle aus bewohnten Fahrzeugen schwieriger und daher seltener. Größer ist das Risiko, dass aus einem geparkten Wohnmobil Wertgegenstände gestohlen werden. In manchen Ferienzentren am Mittelmeer sollte man sein Wohnmobil am besten keinen Moment unbeaufsichtigt lassen – auch nicht, um nur kurz einmal zu fotografieren oder einzukaufen. Nicht selten wird dort auch mit Tricks gearbeitet, indem man Sie durch eine fingierte Panne ablenkt, während ein Komplize in das Wohnmobil eindringt, oder indem man Sie auf einen angeblichen Schaden an Ihrem Fahrzeug hinweist. Steigen Sie in solchen Fällen nicht aus, verriegeln Sie die Tür (obwohl nur äußerst selten mit offener Gewalt oder Bedrohung gearbeitet wird) und öffnen Sie nur das Fenster einen Spalt – oder fahren Sie ein Stück weiter, um Ihr Fahrzeug selbst von außen zu inspizieren (insbesondere, wenn Sie alleine sind).

Tipps, wie Sie beim **Freistehen** Ihre Sicherheit noch verbessern können, finden Sie im Kapitel „Platzsuche“. Hier einige zusätzliche Tipps zum Diebstahlschutz des **geparkten Wohnmobils:**

- **Wohnaufbau-Tür** durch Einbau eines zusätzlichen Schlosses sichern (z. B. durch eine Außensicherung von Oelmühle für ca. 100–150 €; www.quick-safe.de).
- **Alarmanlage aktivieren** (leider ist falscher Alarm so häufig, dass sich kaum jemand darum kümmert und erfahrene Diebe sich dadurch nicht nervös machen lassen).
- Eine blinkende **Alarmanlagen-Attrappe,** die man schon für ca. 5 € bekommt (z. B. bei alca mobil), kann den gleichen Zweck erfüllen.
- Wirksamer als eine Alarmsirene ist evtl. ein **elektronischer Hund** gekoppelt an einen Bewegungsmelder (z. B. von alca mobil für ca. 80 €; www.alcamobil.de), der täuschend echt wirkt und nachts ggf. per Schalter von Hand aktiviert werden kann.
- **Keine Wertgegenstände** im Fahrzeug lassen – und falls doch, dann im fest eingebauten Tresor.
- **Schmuck, teure Uhr** etc. am besten gleich zu Hause lassen.
- **Handschuhfach** geöffnet lassen.
- Als **„Bauernopfer“** kann man an auffälliger Stelle (aber nicht von außen sichtbar!) einen alten Geldbeutel mit einigen ausländischen Banknoten von geringem Wert und/oder eine defekte Kamera o. Ä. zurücklassen.

Wenngleich ein wirklicher **Raubüberfall** auf ein Wohnmobil höchst selten sein dürfte – was tut man, wenn nachts plötzlich jemand an der Aufbautür klopft?

- Alles für eine **rasche Abfahrt** bereit machen.
- Starke **Lampe** oder **Kamerablitz** bereitlegen, um einen potenziellen Eindringling ggf. blenden zu können.
- **Außenbeleuchtung** einschalten und durch einen Fensterspalt schauen.
- Sind die Besucher uniformiert oder geben sie sich als Zivilbeamte aus, so lassen Sie sich **Polizeimarke/Ausweis** zeigen.
- Andernfalls versuchen Sie, so rasch und überraschend wie möglich den Motor zu starten und sich aus **dem Staub** zu **machen!**

Schreck, lass nach ...

Mir ist es kurz nach der Wende im Erzgebirge nahe der tschechischen Grenze passiert, dass ich nachts um 2 Uhr allein in meinem Campingbus aufwachte (auf einem Waldweg, den ich eigentlich für „nicht einsehbar" gehalten hatte), als dunkle Gestalten um mein Fahrzeug huschten. Die Ausfahrt war durch ein Auto blockiert und plötzlich klopfte jemand an der Tür. Als ich durch einen Fensterspalt spähte, sah ich ihn in Krimi-Manier mit gezogener Pistole im Anschlag vor meiner Tür stehen, während ihn der zweite aus seitlicher Position zusätzlich sicherte. Puuuh!
Wie es sich schließlich herausstellte, waren es junge Grenzschutzbeamte, die vermuteten, einen Menschenschmuggler gestellt zu haben, und die jederzeit mit einem Schusswechsel rechneten. In solchen Fällen gibt es nur eins: Möglichst ruhig bleiben, keine plötzliche Bewegung machen, Hände sichtbar lassen, freundlich zureden und Anordnungen befolgen! Selbst falls es sich doch um einen Raubüberfall handeln sollte, kann man dadurch Schlimmeres verhindern. Lieber um ein Urlaubsgeld ärmer als ein Leben lang tot!

029wr Abb.: rh

Ver-/Entsorgung

Egal wie autark Ihr Wohnmobil ist, sofern Sie nicht ein Expeditions-Mobil auf LKW-Basis besitzen, werden spätestens nach 4–5 Tagen irgendwelche Anzeigen in den roten Bereich wandern und Sie darauf aufmerksam machen, dass Sie tunlichst Frischwasser nachfüllen, Abwasser oder Toilette entleeren oder die Zweitbatterie aufladen sollten. Alles in einem Aufwasch kann man z. B. auf einem **Campingplatz** erledigen. Dazu muss man nicht unbedingt dort übernachten. Die meisten Plätze bieten auch Durchreisenden die Möglichkeit der Ver- und Entsorgung – allerdings sind die Gebühren dafür sehr verschieden. Vor einigen Jahren habe ich diesbezüglich bei Dutzenden von Plätzen entlang der Alpenstraße angefragt: Zwei verlangten gar keine Gebühr, einige waren mit „fünf Markl" (damals noch) zufrieden, öfters wurden 5 Euro berechnet – und einige Plätze verlangten sogar 10 Euro – egal, ob es um eine Gesamtversorgung ging oder ob man nur einen Kanister voll Wasser wollte. Das ist natürlich unverschämt und sollte nicht akzeptiert werden.

Dann steuert man lieber eine der zahlreichen **Münz-Ver- und Entsorgungsstationen** an, die man an vielen Wohnmobil-Stellplätzen findet, aber auch an manchen Autobahn-Raststätten, bei Wohnmobilhändlern, Camping-Shops usw. sowie in einigen fortschrittlichen Städten. Dort kann man gegen eine akzeptable Gebühr Frischwasser auffüllen und Abwasser sowie Toilette entleeren.

Frischwasser

Ist keine Versorgungsstation zu finden, so gibt es eine Reihe weiterer Möglichkeiten. Um alle nutzen zu können – und nicht an einem zu kurzen Schlauch oder einem nicht passenden Anschluss zu scheitern – sollte man mit den richtigen **Hilfsmitteln** für alle Fälle gewappnet sein:

- **Wasserschlauch,** (Falt-)Kanister, Eimer, Trichter, Gießkanne oder Ähnliches.
- Wenn der Kanister (z. B. wegen eines Waschbeckens) nicht unter den Hahn passt, hilft ein kurzes Schlauchstück mit ↗**Fahrradschlauch-Adapter.**
- Um Wasser ohne Schlauch in den Außenstutzen zu füllen, ist ein großer **Trichter mit einem Schlauchstück** sehr hilfreich.
- Ohne Trichter direkt Wasser tanken kann man mit einer einfachen **Gießkanne.**

Fahrradschlauch-Adapter

*Wenn man an einem Ende des Schlauchs per Rohrschelle ein ca. 15 cm langes Stück von einem alten **Fahrradschlauch** mittlerer Stärke befestigt, kann man diesen Allzweck-Anschluss über nahezu jeden Hahn und jedes Brunnenrohr stülpen und ggf. noch mit einem Kabelbinder fixieren. Ein kleiner **Karabinerhaken** 10–15 cm, hinter dem anderen Schlauchende befestigt, und eine dazu passende **Öse** am Einfüllstutzen des Wohnmobils machen es möglich, auch alleine Wasser zu tanken, ohne dass der Schlauch herausrutscht.*

- **Kanister** haben den Vorteil, dass man das Trinkwasser darin separat vom Brauchwasser im Tank aufbewahren kann (man hat zwei getrennte Wassersysteme) – und im Winter an einem warmen Plätzchen.
- **Faltschläuche** sind leicht und Platz sparend, aber man muss sie jedes Mal ganz abspulen.

Fremde Schläuche

Bereits am Hahn angeschlossenen Schläuchen kann man nicht immer trauen; vielleicht hat Ihr Vorgänger damit seine WC-Kassette ausgespült. Besser ist es, stets den eigenen Schlauch anzuschließen.

Eine der besten und bequemsten Möglichkeiten, Frischwasser aufzufüllen, bieten **Tankstellen.** Sie sind überall zu finden, leicht zugänglich, haben fast immer einen Hahn und meist ist sogar gleich ein Schlauch dran. Höflicherweise fragt man vorher (am besten, wenn man den Treibstoff bezahlt), ob man für einen Euro mehr auch seinen Wassertank füllen darf. Kaum jemand wird „nein" sagen – und die Bezahlung wird meist abgelehnt. Ist der Treibstofftank noch voll, kann man trotzdem fragen und bei der Gelegenheit vielleicht einen Imbiss kaufen. Vorbildlich, sauber und meist geschützt in einem Kasten untergebracht sind z. B. die Wasserhähne an schwedischen Tankstellen.

Leitungswasser findet man außerdem an fast allen **Friedhöfen** (zumindest in Deutschland und zur frostfreien Zeit), an manchen **Rastplätzen** und bei öffentlichen **Toiletten.** Letzteres mag nicht sehr appetitlich klingen, aber das Wasser ist das gleiche wie aus jeder Leitung – und manchmal findet man auch einen Außenhahn. Da sich unter den Hähnen fast immer ein Waschbecken befindet, ist ein etwa meterlanges Schlauchstück praktisch, um den Kanister füllen zu können. Im Winter kann man es auch bei **Lift-Stationen** versuchen.

Vor allem in Mittelmeerländern findet man in vielen Orten oder sogar an der Landstraße **Brunnen** oder gefasste **Quellen,** an denen man seine Wasservorräte ergänzen kann. Meist ist ihr Wasser bedenkenlos genießbar oder sogar besser als Leitungswasser – aber sicherheitshalber kann man es mit einem Chlormittel behandeln (s. S. 49). Und falls Sie nicht gleich fündig werden, dann fragen Sie einfach im nächsten Dorf. Wenn kein Brunnen in der Nähe ist, dann wird man Ihnen sicher eine andere Möglichkeit weisen – oder einfach den eigenen Wasserhahn anbieten.

Möglichkeiten nutzen

Wenn Sie unterwegs eine geeignete Wasserstelle entdecken, dann füllen Sie Ihre Reserven auf, auch wenn sie noch nicht zur Neige gehen, sonst ärgern Sie sich vielleicht, wenn Sie das lauschige Plätzchen am Strand vorzeitig verlassen müssen, weil der Wassertank leer ist.

030wr Abb.: rh

Abwasser

Ähnlich rasch, wie der Frischwassertank leer wird, ist der Abwassertank gefüllt – und beim Thema „Entsorgung“ stoßen wir auf ein zusätzliches Problem: Während es bei der Versorgung nur um die praktische Frage ging „Wo finde ich?“, muss bei der Entsorgung auch das psychologische Problem „Was wird akzeptiert?“ berücksichtigt werden.

Aus dem Schneider sind Sie, wenn Sie Ihr Abwasser auf einem **Campingplatz** oder bei einer **Entsorgungsstation** entleeren. Als weitere Möglichkeit wird oft empfohlen, direkt eine **Kläranlage** anzufahren – aber dort ist oft kein Mensch da; und falls doch, so ist er gewiss nicht auf die Entsorgung von Abwässern von Wohnmobilen vorbereitet.

Arbeitshandschuhe

Für die Abwasser-Entsorgung sollte man immer ein Paar Arbeits- oder besser noch Gummihandschuhe an Bord haben.

Es gibt eine Reihe von Entsorgungsmöglichkeiten, die zwar **ökologisch in Ordnung** wären, aber praktisch nicht empfohlen werden dürfen und daher ungenannt bleiben sollen.

- Naheliegend wäre es, den Inhalt des Abwassertanks einfach in einen **Straßengully** zu entlassen und darauf zu vertrauen, dass er auf dem Weg der Kanalisation von alleine zu Kläranlage finden wird. Darauf kann man sich jedoch nicht immer verlassen! In Deutschland münden zwar die meisten Kanäle in ein Klärwerk, aber es gibt auch reine Regenwasserkanäle oder Mischkanalisationen, aus denen das Wasser ungereinigt in einen Bach oder Fluss gelangt. Und Sie werden dem Gully kaum ansehen, zu welcher Kategorie er gehört! Außerdem benötigt man in Deutschland bekanntlich für alles eine gültige Genehmigung – und wenn man sie nicht hat, dann ist das Einleiten von Wasser in die Kanalisation eine „un-

Entsorgung, Akzeptanz und Ruf
Landwirte verspritzen tonnenweise Fäkalien auf Äcker und Wiesen, die Bahn entlässt die Abwässer und den Toiletteninhalt der Züge völlig ungeniert und ungereinigt auf den Bahndamm und wenn ein Heer von Hunden die Innenstädte vollkackt, dann sagt auch kaum jemand etwas. Aber wehe, wenn bei einem Wohnmobil unten etwas Waschwasser rauströpfelt - dann heißt es oftmals: „Diese Schweine!“.
Widersprüchlich ist das allemal, denn Nicht-Wohnmobilisten, die so reagieren, verrichten oft genug ihre Notdurft im Gebüsch, haben keine Hemmungen, ihr Spülwasser auf die Wiese zu schütten, und führen womöglich gar ihre Hunde auf Gehwegen und Spielplätzen „Gassi“!
Aber es hilft alles nichts: Wir dürfen das Problem nicht nur unter einem rein praktischen und ökologischen Aspekt betrachten. Es genügt nicht, wenn unsere Entsorgung die Umwelt nicht belastet, darüber hinaus darf sie auch nicht den Unmut der Öffentlichkeit erregen! Ansonsten müssen wir damit rechnen, dass unser Ruf (der eben erst langsam besser wird) sehr schnell wieder ruiniert ist - und dass die Gemeinden dann zunehmend mit Sperrungen und Verboten reagieren.

sachgemäße Abfallbeseitigung“ und kann nach § 326 StGB ein Verfahren und drastische Bußen zur Folge haben!

- Ökologisch unbedenklich ist die Entsorgung in **Gullys von Tankstellen, Werkstätten und Raststätten** an Autobahnen, die mit Sicherheit in eine Kläranlage münden (das rechtliche Problem bleibt allerdings bestehen!). Für die Entsorgung in Gullys (aber auch für einige Entsorgungsstationen und Campingplätze) sollte sich am Ablass-Stutzen ein **Verlängerungsschlauch** befinden bzw. per Bajonettverschluss befestigt werden, damit man ohne große Rangierkünste zuverlässig trifft – und keine stinkende Lache zurücklässt.
- Problematischer wird die **Entsorgung im Ausland,** besonders in manchen Ländern Süd- und Osteuropas. Dort enden nicht nur die meisten

Gullys, sondern manchmal sogar das Abwassersystem des Campingplatzes(!) im nächsten Bach oder im Meer (z. B. bis vor wenigen Jahren bei vielen Plätzen an der Küste Kroatiens, von denen inzwischen aber die meisten Anschluss an ein Klärwerk haben). Dann ist die Situation umgekehrt: Die öffentlich akzeptierte Entsorgung ist ökologisch bedenklich! In solchen Ländern sollte man sein Abwasser keinesfalls in einen Gully entleeren. Außerdem sollte man mit **Reinigungsmitteln sparsam** umgehen und **biologisch abbaubare Mittel** verwenden. Dann ist eine Entsorgung des Abwassers auf Ödland oder im Straßengraben zumindest ökologisch unbedenklich (biologische Reste werden abgebaut) – und Sie können sicher sein, dass andere Urlauber beim Baden nicht Ihren Speiseresten begegnen!

Schacht-Haken

In manchen Mittelmeerländern (z. B. Kroatien) sind die „Abwasser-Entsorgungsstellen“ schwere Schachtdeckel, die ohne Hilfsmittel oft nur schwer anzuheben sind. Zwei Schacht-Haken mit Griff können da oft sehr hilfreich sein!

Stinkendes Wasser?

Nutzen Sie möglichst jede Gelegenheit, um Ihr Abwasser ordnungsgemäß zu entsorgen, denn erstens ist es zusätzliches Gewicht, das transportiert werden muss (bei größeren Tanks zwei Zentner!), und zweitens kann es bei warmem Wetter innerhalb kürzester Zeit einen erbärmlichen Gestank verbreiten!
*Wir hatten in unserem Wohnmobil anfangs sogar die Toilette in Verdacht – bis sich das faulende Abwasser als der Schuldige erwies. Die Abwasserleitungen sollte deshalb ein **Siphon** besitzen (kann man auch nachträglich noch einbauen). Als kurzfristige Lösung kann man auch die Abflüsse der Becken durch Stöpsel verschließen.*

031wr Abb.: rm

Toilette

Es ist manchmal kaum zu fassen, wie rasch so eine WC-Kassette gefüllt ist – und dann hat man den heikelsten Punkt der Entsorgungsproblematik erreicht. Auch wenn Bahn und Landwirtschaft tonnenweise Fäkalien großflächig und über Tausende von Kilometern durch die Republik verteilen – das wollen wir keinesfalls nachmachen!

Tatsächlich gibt es für die Toiletten-Entsorgung eine recht einfache Lösung, wenn man dazu bereit ist, auf die **Chemie** zu verzichten. Diese chemischen Zusätze, welche die Geruchsentwicklung in der Kassette verhindern sollen, enthalten oft aggressive Stoffe, um alle Bakterien abzutöten, und wenn diese in zu hoher Konzentration in eine Kläranlage gelangen, dann kann das ganze System umkippen, das ja für den biologischen Abbau eben auf diese Bakterien angewiesen ist! Was man in seiner WC-Kassette produziert, ist dann nicht mehr einfach biologisch abbaubarer Abfall, sondern der reinste **Sondermüll** – und entsprechend schwierig zu entsorgen. Chemie-Toiletten dürfen daher ausschließlich auf Campingplätzen mit entsprechenden Einrichtungen oder in dafür vorgesehenen Entsorgungsstationen entleert werden – nicht einfach in die Toilette!

Trockentoilette

Auf gar keinen Fall darf man eine Chemietoilette in ein Plumpsklo entleeren. Darin sollen die Fäkalien auf natürliche Weise kompostiert werden. WC-Chemie würde die dazu erforderlichen Bakterien abtöten!

Doch zum Glück kann man heute auch in der Camping-Toilette ganz auf Chemie verzichten. Dazu braucht man nur eine **Toiletten-Entlüftung** einzubauen (z. B. von Nokem für ca. 50 €), die alle üblen Gerüche ableitet, sobald sie entstehen. Noch einen Schritt weiter geht die elektrische Entlüftung, die Faulgase per Ventilator aktiv absaugt (z. B. von SOG-Dahmann; www.sog-dahmann.de). Bastler können ihre Entlüftung auch selbst improvisieren, indem sie einfach eine abnehmbare Schlauch-Leitung vom Ausgussstutzen der Kassette durch den Boden oder die Öffnungsklappe legen.

Und wenn sie keine Chemie enthält, dann kann man seine WC-Kassette problemlos in jede **öffentliche Toilette** entleeren! Dadurch erhöht sich die Zahl möglicher Entsorgungsstationen erheblich und es dürfte meist kein Problem sein, eine zu finden: An Raststätten, Tankstellen und Parkplätzen (in Schweden z. B. auch an vielen Badestellen), in Städten, an Markt- und Festplätzen, an Liftstationen bei Stadien und anderen Sportanlagen. Aber bitte: Keine Sauerei hinterlassen! Bemühen Sie sich, ohne Spritzer zu entleeren – und falls doch etwas dane-

Zur Toilettenbenutzung

Auch wenn man sonst ungern über dieses Thema redet, hier sollten wir es tun - und falls Sie Gäste im rollenden Zuhause haben, so sollten Sie diese diskret informieren, um ihnen Peinlichkeiten zu ersparen. Vor allem sollte die Toilette nur mit geöffnetem Schieber benutzt werden - insbesondere für das „große Geschäft", sonst hat man nachher beträchtliche Probleme, den Haufen dazu zu bewegen, dass er gnädigst in der sehr kleinen Öffnung verschwindet! Bei geöffnetem Schieber und etwas Zielübung bleiben allenfalls leichte Spuren, die man mit Wasser und einer kleinen WC-Bürste beseitigen kann. Hierzu ist es dann wieder besser, den Schieber kurz zu schließen, damit das Wasser in der Schüssel steht. Wer weniger Zielübung hat, kann den kritischen Bereich der Schüssel vorbeugend mit einigen Blättchen Klopapier auslegen.

Vorsicht „Sommersprossen"!

Machen Sie es sich zur festen Gewohnheit, den Schieber der Toilette nur zu öffnen, wenn der Deckel geschlossen ist! Bei Kassetten ohne Entlüftung kann sich durch Faulgase, Wetterveränderung oder Bergauffahrt ein Überdruck aufbauen. Und beim Öffnen des Schiebers riskiert man dann höchst unappetitliche „Sommersprossen"!

ben gehen sollte, ist es selbstverständlich, dass man es wieder sauber macht.

Schwierig wird es, wenn man beispielsweise weiß, dass die komplette Camping-**Kanalisation ins Meer** führt. Dann wäre es eigentlich ökologisch weit sinnvoller den (chemiefreien!) Toiletteninhalt im Wald zu vergraben, als ihn in die Kanalisation zu schütten

Gully?!

In einen Gully sollte man die Toilette selbst dann nicht entleeren, wenn man keine Chemie verwendet und zudem sicher ist, dass er an eine Kläranlage angeschlossen ist, denn im Gitter und im Auffangkorb bleibt zu vieles hängen, das nachher tagelang zum Himmel stinkt!

(und damit die Badegäste zu beglücken!). Aber das darf man ja nicht laut sagen – und keinesfalls öffentlich empfehlen! Auch wenn es nichts anderes ist als das, was jeder Wanderer macht (im „kleineren Maßstab“) oder jeder Landwirt (in weit größerem Ausmaß!). Vernünftig oder nicht – schon aus Gründen unseres Rufes muss man sich öffentlich heftig dagegen aussprechen! Aber nur für den Fall, dass Sie trotz aller Mahnungen zum Spaten greifen sollten, dann machen Sie – mindestens 100 m von Gewässern entfernt – eine ordentliche Grube, sodass nachher nichts zu sehen ist und kein Wanderer versehentlich in die „Falle“ treten kann. Nie und auf keinen Fall die Sauerei einfach in den Graben schütten oder die Natur mit Chemikalien belasten (egal ob nun „Öko“ draufsteht oder nicht)!

Notfälle?!
So genannte „Notfälle“ (Kassette voll und keine Entsorgungsstation zu finden) dürfen nicht als Vorwand gelten, um nicht umweltgerecht zu entsorgen. Führen Sie für solche Fälle einen sicher verschließbaren Behälter (z. B. mobiler Entsorgungstank) mit, in den Sie umfüllen können, um länger von Entsorgungsstationen unabhängig zu sein.

Müll

Eigentlich sollte man ja zu diesem Thema keine Worte verlieren müssen – doch leider gibt es noch immer vermüllte Strände, Badeufer und Rastplätze. Manche Urlauber meinen auch, der Ordnung sei Genüge getan, wenn sie ihren Müll in eine Plastiktüte verpacken und am Parkplatz oder der Strandzufahrt deponieren. Nach dem Motto: „Da liegen ja schon mehr solche Beutel – und der Mülldienst wird's schon abholen“. Was passiert tatsächlich? Die Beutel zerreißen,

Müll vermeiden
Noch besser als die beste Müllentsorgung ist es, den Müll schon beim Einkaufen zu vermeiden, indem man sich für entsprechende Produkte mit möglichst wenig Einwegverpackung entscheidet!

faulende Abfälle stinken zum Himmel und der Wind verteilt den Müll über die Landschaft! Schluss mit der Sauerei! Auch neben vollen Müllcontainern und an Parkplätzen, wo Halterungen erkennen lassen, dass dort vor kurzem Abfallkörbe hingen, dürfen **keine** Müllbeutel deponiert werden! Die zuständigen Gemeinden haben diese Behälter entfernt, weil ihnen die Entsorgung zu teuer wurde - der Müll wird dort also **nicht mehr** abgeholt! Aber es sollte ja auch kein Problem sein, seine Abfälle mitzunehmen und bis zu einer Stelle zu transportieren, wo sie wirklich entsorgt werden.

Schwieriges Gelände

Nicht alle Zufahrten zu Stränden, Badeufern und Picknickplätzen sind asphaltiert. Im Gegenteil - gerade zu den schönsten führen oft recht abenteuerliche Wege! Also sollte man wissen, wie man sich auf unsicherem Grund verhält - und was man seinem Fahrzeug zumuten kann. Allrad-Antrieb oder echte Offroad-Fähigkeiten sind selten erforderlich - eher Vorsicht und vorausschauendes Verhalten.

„Vor-Sicht"

Viele bleiben an Stellen hängen, die sie eigentlich gar nicht befahren wollten. Das ist auch mir schon passiert, als ich in der Dunkelheit nur den Parkplatz einer Waldgaststätte ansteuern wollte - und der anfangs sehr gute Waldweg plötzlich durch Traktoren der Waldarbeiter tief zerfurcht war. Da es steil bergab ging, konnte ich mich auch nicht im Rückwärtsgang aus dem Staub machen. Die Räder drehten durch - und dann saß ich eben fest!

Deshalb sollte man - wo immer möglich - zweifelhafte Wege zunächst in Augenschein nehmen.

001wr Abb.: rh

Bei meist kurzen Zufahrten zu Stränden und Badeplätzen ist das kein Problem, aber ein Fahrrad ist immer hilfreich. Vergewissern Sie sich, ob Sie durchkommen werden – oder notfalls noch wenden können. Lieber aussteigen als festsitzen! Und falls es unerwartet kritischer wird, dann legen Sie lieber den Rückwärtsgang ein und tasten sich vorsichtig aus dem Schlamassel heraus (auch wenn Rückwärtsfahren nicht eben Ihr Hobby ist!), als im blinden Vertrauen auf eine Wendemöglichkeit immer tiefer hineinzugeraten.

Checkliste Wegbeschaffenheit

- ❑ Ist der Weg **breit genug** und ohne tiefhängende, dicke **Äste** (Kratzer durch Buschwerk muss man meist in Kauf nehmen)?
- ❑ Überfordern tiefe **Fahrspuren** Ihre Bodenfreiheit? Kann man notfalls versetzt zu den Spuren fahren?
- ❑ Sollte man **Steinblöcke** wegräumen oder tiefe **Löcher** auffüllen?
- ❑ Je länger Ihr Fahrzeug ist, desto kritischer sollten Sie **Mulden** und **Bodenwellen** beäugen, an denen bei kurzem Radstand der Hecküberhang aufsetzen könnte, bei langem Radstand der Bauch.
- ❑ Bergauf sind bei schlechter **Traktion** Fahrzeuge mit Heckantrieb im Vorteil.
- ❑ Vorsicht bei tiefem lockerem **Sand** – kurze Stellen lassen sich vielleicht mit Schwung überwinden, aber was, wenn Sie mittendrin festsitzen?!
- ❑ Achten Sie bei Sandwegen darauf, dass sie im Bereich der **Fahrspuren** zuverlässig fest sein können, zugleich aber zum Rand hin gefährlich weich und tief!
- ❑ Denken Sie daran, dass Sie u. U. den gleichen Weg auch wieder **zurückfahren** müssen – hinunter mag es kein Problem sein, aber kommen Sie auch wieder herauf?!

„Gelände"-Maße?
Wenn Sie mit Ihrem Reisemobil nicht ausschließlich an die großen Straßen gefesselt sein wollen, dann denken sie schon bei der Anschaffung daran: breiter als 2,20 m, höher als 3 m und viel länger als 6 m sollte das Fahrzeug möglichst nicht sein.

Zwillingsreifen
können die Traktion ganz beträchtlich verbessern. Das habe ich mit einem US-Mobil im alaskanischen Winter auf verschneiten Schotterpisten erlebt und mit einem Starliner auf Sandwegen Mecklenburgs, auf denen mir sonst nur Allrad-Fahrzeuge begegnet sind!

Staubwege

Es muss nicht der Alaska Highway sein – auch in Skandinavien sind viele kleinere Verbindungsstraßen nicht asphaltiert und sogar in Mecklenburg und Brandenburg gibt es eine ganze Reihe davon. Solche Wege sind meist problemlos befahrbar – aber oft sehr staubig! Schließen Sie besonders im Heckbereich alles so dicht wie möglich – ggf. auch Abdeckungen für Kühlschrank-Ventilation, Boilerkamin etc. – und stellen Sie das Frischluft-Gebläse auf maximal. Ja richtig! Das Gebläse saugt die Luft an der Fahrzeugfront an, wo die Luft staubfrei ist, und es erzeugt in der Kabine einen leichten Überdruck, sodass durch die Ritzen im hinteren Teil weniger oder keine staubhaltige Luft eindringt. Das setzt natürlich voraus, dass man allein auf weiter Flur ist und nicht hinter einem anderen Fahrzeug fährt!

Fahren Sie nicht zu schnell und bleiben Sie wachsam, denn auch mancher gute Schotterweg kann plötzlich durch tiefe Traktorenspuren, Moraststellen, ausgewaschene Passagen oder tiefe Sandkuhlen überraschen!

Sandgrund

Ob am Mittelmeer-Strand, am Badesee in Schweden oder auf Nebenstraßen Brandenburgs – Sandgrund begegnet man immer wieder. Seine Beschaffenheit kann jedoch extrem verschieden sein: Dunkler, fester Sand (wie im hinteren Bereich vieler Strände) ist so gut zu befahren wie eine Teerstraße. Riskant sind Stellen mit hellem, lockerem Sand, in den man tief einsinken kann. Bevor Sie sich auf solchen Untergrund wagen, sollten Sie ihn genau inspizieren. Wie lang ist die Strecke? Wie tief ist der Sand? Gibt es Anzeichen dafür, dass andere schon festgesteckt haben?

032wr Abb.: rh

Ist die Strecke nicht zu lang und der Sand nicht zu tief, lässt sie sich vielleicht mit Schwung bewältigen. Sehen Sie zu, dass alles im Fahrzeug guten Halt hat, nehmen Sie etwas Anlauf und brettern Sie im zweiten Gang mit hoher Drehzahl durch. Lassen Sie wegen einiger Bocksprünge bloß nicht erschrocken das Gas los! Sonst würgen Sie den Motor ab. Aber gehen Sie sofort vom Gas, wenn das Fahrzeug festsitzt! Sonst graben Sie sich nur hoffnungslos ein. Falls Sie während der Fahrt überraschend mit weichem Sand konfrontiert sind und nicht vorher anhalten, so schalten Sie sofort zurück, ehe Sie sich auf weichem Grund befinden, sonst haben Sie kaum eine Chance. (Weitere Tipps s. u. „Selbstbefreiung".)

Nicht schalten!
Auf weichem Sand möglichst nie schalten, da man sonst wegen der Zugkraft-Unterbrechung sofort Fahrt verliert und höchstwahrscheinlich hängen bleibt.

Morastboden

Denken Sie nicht gleich an Pisten mit knietiefem Morast, um die sowieso jeder vernünftige Wohnmobil-Fahrer einen weiten Bogen macht. Auch der einfache Wald- oder Wiesenweg kann nach einem Regen ekelhaft glitschig und weich werden. Seien Sie auf der Hut, testen Sie zu Fuß und kehren Sie um, falls Sie nicht sicher sind. Denn auf schmierigem Untergrund riskiert man nicht nur, dass die Räder durchdrehen, sondern man kann auch schlecht bremsen, gerät leicht ins Schleudern und könnte gar im Graben landen!

Lässt es sich nicht vermeiden, so fahren Sie im kleinen Gang und eher langsam (sofern nicht eine kurze Steigung zu bewältigen ist). Und wenn Sie sich zu weit vorgewagt haben oder die Räder durchdrehen, dann halten Sie sofort an und ziehen Sie Ketten auf, die nicht nur auf Schnee, sondern auch auf schmierigem Grund die Traktion erheblich verbessern. Haben Sie die Ketten im Frühjahr aus dem Fahrzeug geräumt, dann können Sie nur versuchen, die Traktion durch Zweige, Geröll etc zu verbessern, um wieder flott zu werden – oder losgehen und Hilfe holen.

Wasserdurchquerung

Auch wenn Wohnmobile keine Geländewagen sind, bei flachem Wasser (bis ca. 30 cm) und gutem Untergrund kann man schon mal eine Durchquerung wagen.

! **Achtung:** Steigen Sie immer zuerst aus, um **Wassertiefe und Grund-Beschaffenheit** zu Fuß zu überprüfen! Sonst kann u. U. schon eine größere Pfütze gefährlich werden!

033wr Abb.: rh

Eine Durchquerung können Sie nur riskieren, wenn der Grund fest (Fels, grober Kies), flach und ohne größere Steinblöcke oder verborgene Löcher ist.

Vergessen Sie keinesfalls, auch die **gegenüberliegende Uferböschung** gründlich zu inspizieren! Das habe ich leider beim ersten Mal vernachlässigt. Die Durchquerung selbst verlief reibungslos, aber auf dem kurzen, steilen Anstieg am anderen Ufer hatte ich nicht genug Schwung – und das Kies-Sandgemisch dort war viel weicher als erwartet. Prompt saß ich vorne fest und hing mit dem Heck im Bach!

Da man ohnehin nur sehr flaches Wasser durchfahren kann, besteht kaum ein Risiko des Aufschwimmens oder eines Schwalls, der die Sicht behindern könnte. Fahren Sie im ersten oder zweiten Gang zügig aber nicht zu schnell ins Wasser und behalten Sie dann das Tempo bei oder beschleunigen eher noch etwas. Keinesfalls im Wasser schalten, da das Fahrzeug sonst wegen der Zugkraft-Unterbrechung sofort Fahrt verliert und leicht hängen bleiben könnte.

034wr Abb.: rh

Selbstbefreiung

Eines gilt auf Sand, Schnee und Morast gleichermaßen: Sobald die Reifen durchdrehen, ohne zu greifen (und der Motor nutzlos aufjault), sofort das Gas zurücknehmen!

Hat man noch Schwung, kann man versuchen, die Reifen bei sehr vorsichtigem Gasgeben wieder greifen zu lassen. Verliert das Fahrzeug aber seinen Schwung und bleibt stehen – **keinesfalls weiter Gasgeben!** Sonst hat man sich ruckzuck so tief eingewühlt, dass das Wohnmobil mit dem Bauch aufsitzt (und gar nicht mehr „mobil" ist!).

Manchmal hat man den Eindruck, dass gerade dies einigen Leuten regelrecht Spaß macht – oder sind sie tatsächlich so blöd?!

Unter Umständen und mit etwas Erfahrung und Gefühl kann man sich vielleicht durch raschen Wechsel zwischen Rückwärtsgang und erstem Gang noch freischaukeln – aber grundsätzlich ist es immer besser, zunächst auszusteigen, die Lage zu inspizieren und etwas nachzudenken.

Je nachdem, wie tief Sie „im Schlamassel" sitzen, gibt es nun vier verschiedene „Schwierigkeitsgrade" (vorausgesetzt, dass der feste Grund nicht weit entfernt ist):

A: Leicht, nicht tief

- Alle verfügbaren Personen zum **Schieben** mobilisieren.
- **Lenkeinschlag** möglichst geradeaus.
- Bei Heckantrieb eventuell die **Handbremse** leicht anziehen.
- Im **zweiten Gang** gefühlvoll anfahren.
- Viel **Gas** geben, aber die **Kupplung** sehr langsam kommen lassen!
- Lieber mehrmals den **Motor abwürgen** als einmal die Räder durchdrehen!

B: Mittelschwer, recht tief

- Vor den Rädern flach ansteigende **Rinnen** freilegen.
- Ist der **Grund** darunter immer noch weich, ggf. mit flachen Steinen, Ästen, Brett, Fußmatte o. Ä. auslegen.
- Weiter wie bei A.

C: Schwer, sehr tief

Entweder Sie haben doch etwas gewühlt oder Sie sind sehr plötzlich auf extrem weichen Grund geraten. Letzteres ist mir sogar schon auf einem ansonsten guten schwedischen Waldweg passiert, als ich beim Zurückstoßen mit den Hinterrädern zu nahe an den Randstreifen geriet und plötzlich einsackte.

- Das Fahrzeug mit dem **Wagenheber** (am besten Hi-Lift) anheben – nacheinander zumindest die Antriebsräder – und die Löcher mit Steinen o. Ä. füllen. (Damit der Wagenheber nicht wegsackt, muss man evtl. flache Steine, Auffahrkeile o. Ä. unterlegen.)
- Möglichst auch ein **Brett, Auffahrkeile, große flache Steine, Äste o. Ä.** unter die Antriebsräder legen (Brett evtl. gegen Wegrutschen nach hinten verankern).
- Wie bei A – aber sehr sachte anfahren, sonst fliegen die Unterlagen wie Geschosse nach hinten! Niemand darf direkt hinter den **Antriebsrädern** stehen!

Wüsten-Methode

Dies nur für den Notfall, denn eigentlich sollte man mit dem Wohnmobil gar nie in die Situation geraten, längere Strecken auf sehr weichem Grund zurücklegen zu müssen.

Um sich dann nicht alle paar Meter erneut freibuddeln zu müssen, hilft nur eine Technik der Wüstenfahrer: Reduzieren Sie den Reifendruck auf ca. 0,5 bar. Dadurch vergrößert sich die Auflagefläche, das Fahrzeug sinkt weniger tief ein und die Antriebsräder erhalten bessere Traktion. Natürlich können Sie so keine langen Strecken fahren, sondern müssen den Druck wieder auf Normalmaß bringen, sobald Sie festen Grund erreicht haben. Mit einer kleinen Fußpumpe sind Sie da eine ganze Weile beschäftigt!

Wintercamping

Manche glauben immer noch, Wintercamping im Wohnmobil sei nur etwas für Verrückte. Stimmt nicht! Immer mehr Reisemobile sind so gebaut und ausgestattet, dass man auch im Winter komfortabel darin wohnen kann. Es wäre doch jammerschade, das teure Fahrzeug ein halbes Jahr einzumotten – und dann zum Skifahren eine Hütte mieten zu müssen oder vielleicht gar keine Unterkunft mehr zu bekommen. Gerade beim Wintersport ist das Wohnmobil sehr praktisch, um sich etwas aufzuwärmen, kurz einen heißen Kaffee zu trinken, rasch etwas Trockenes anziehen zu können – oder auch um eine kleine Siesta zu machen. Besonders mit Kindern war uns die mobile Skihütte direkt am Lift immer sehr willkommen.

Das richtige „Wintermobil"

Wer sein Wohnmobil öfters im Winter nutzen will, sollte bereits bei der Anschaffung einiges beachten, damit der Winterurlaub nachher auch tatsächlich Freude macht.

Weniger geeignet als Wintermobil sind:

- **Kastenwagen,** da die Serienkarosserie mit ihren Metallstreben kaum ausreichende Isolierung ermöglicht;

Womo-Typologie
Nähere Infos zu den verschiedenen Womo-Typen finden Sie im Praxis-Band von Rainer Höh, „Handbuch Wohnmobil-Ausrüstung", siehe Anhang

▲ *Toll: Mit dem Womo durch verschneite Winterlandschaft*

- sehr **kleine Fahrzeuge,** weil man im Winter mehr Platz braucht;
- Selbstausbauten ohne **Isolierfenster;**
- Fahrzeuge mit Hubdächern, deren **seitliche Stoffbahnen** nicht isolieren;
- Integrierte, falls sich ihre riesigen Frontscheiben nicht durch **Thermo-Rollläden** o. Ä. gut isolieren lassen.

035wr Abb.: rh

Für den Wintereinsatz sollte man sich möglichst ein ↗**Aufbau-Fahrzeug** anschaffen: entweder ein Alkovenmodell (bei dem man die Fahrerkabine gut vom Wohnteil abtrennen kann), einen Integrierten mit gut isolierbaren Scheiben in der Fahrerkabine (z.B. Thermo-Läden) oder einen Pick-up mit Wohnkabine.

Aufbau-Fahrzeug

Als Aufbau-Fahrzeug bezeichnet man Modelle, bei denen die Serienkarosserie ganz oder teilweise durch einen speziellen Wohnaufbau ersetzt wurde – im Gegensatz zu ***Ausbau-Fahrzeugen,*** *bei denen die vorhandene Serienkarosserie ausgebaut wurde.*

Worauf Sie bei einem Wohnmobil für den **Wintereinsatz** achten sollten:

- gute **Wand-/Decken-Isolierung** (am besten 5 cm Hartschaum) ohne Kältebrücken;
- gute **Bodenisolierung** (Sandwichplatte) oder doppelter, beheizbarer Boden,
- innen oder im Zwischenboden liegender **Frischwassertank;**
- im Zwischenboden untergebrachter oder beheizbarer **Abwassertank;**
- **Ablass-Schieber** und **Auslaufhahn** sollten im beheizbaren Bereich liegen;
- **Wasser- und Abwasserleitungen** sollten gegen Außenwände und Boden isoliert sein und evtl. durch Warmluft-Verteilungsrohre beheizt werden können;
- gute **Hinterlüftung** von Betten sowie Polstern, Schränken etc.;
- **Warmluft-Verteilung** durch Verteilungsrohre im ganzen Fahrzeug inkl. Alkoven;
- isolierte komplette **Abtrennung** der Fahrerkabine bzw. gut **isolierte Abdeckung aller Fenster** in der Fahrerkabine bei Integrierten;
- Platz für **zwei 11-kg-Gasflaschen;**
- Gasflaschen mit **Triomatic-System** und **Eis-Ex** (s. S. 47);
- für häufiges Wintercamping evtl. eine ↗**Tankflasche** anschaffen;
- für Wintercamping bei starkem Frost Fahrzeug mit **Benzinmotor** oder elektrischer **Motorvorwärmung.**

Tankflasche

Die Tankflasche von Wynen-Gas hat die Maße einer 11-kg-Flasche, aber die Anschlüsse eines Gastanks, einen 80 %-Füllstop und eine Anzeige. Sie darf daher an jeder Gastankstelle gefüllt werden. Zum Preis von € 235 ist sie nicht billig, aber dafür kann man weltweit das weit billigere Autogas (Propan) tanken.

Warmwasser-Heizung

Eine Warmwasser-Heizung, die mit dem Kühlwasserkreislauf des Motors kombiniert ist, ermöglicht es, den Motor vorzuwärmen. Solche Anlagen sind allerdings nicht gerade billig!

Winter-Ausrüstung

Auch ein wintertaugliches Reisemobil braucht noch Zusatzausrüstung und einige Vorbereitungen, ehe man damit in den Schnee startet. Hier die wichtigsten Punkte als Checkliste:

- ❑ Dünnflüssigeres **Winteröl** einfüllen.
- ❑ **Eiskratzer, Türschloss-Enteiser, Besen, Schneeschaufel, Arbeitshandschuhe.**
- ❑ **Streumittel, Bohlenstücke** als Unterlagen.
- ❑ **Starthilfekabel** (für Dieselmotoren min. 25 mm^2 = Dicke des kleinen Fingers).
- ❑ **Stromkabel** und evtl. kleiner **Heizlüfter.**
- ❑ **Gasvorrat** (nur Propan!) und voll aufgeladene Batterien (Eine 11-kg-Flasche kann im Winter unter günstigen Bedingungen eine Woche lang reichen, bei starkem Frost und Wind aber vielleicht nur 2 Tage!).
- ❑ **Reservebatterien** für die Zündung der Gasheizung!
- ❑ Gute **Winterreifen!**
- ❑ **Schneeketten** (das Aufziehen vorher üben!).
- ❑ **Thermomatten** für die Fahrerhaus-Fenster.
- ❑ **Thermo-Vorhang** zwischen Wohnraum und Fahrerhaus.
- ❑ **Vorzelt** (falls man länger auf einem Platz bleibt, sehr praktisch als Vorraum für Ski etc.).

Weitere Winter-Tipps:

- ❑ **Isolierte Abdeckung** auf Kühlschrank-Lüftungsgitter (Kühlschrank darf dann nicht betrieben werden!) und ähnlichen Öffnungen anbringen.
- ❑ **Wasserkanister** haben den Vorteil, dass man sie dort platzieren kann, wo sie nicht gefrieren – und dass auch keine Leitungen einfrieren können.

Batterieschutz

Achtung: Eine halbleere Fahrzeugbatterie gefriert bei etwa -30 °C, eine fast leere hingegen schon bei -15 °C! In kalten Regionen daher unbedingt darauf achten, dass die Starterbatterie stets aufgeladen ist bzw. nachgeladen wird!

- ❑ **Abwasser-Kanister:** Wenn man zudem den Abwasserschlauch von Spül- bzw. Waschbecken löst und in einen Kanister hängt, dann gibt es gar keine Probleme mehr mit einfrierenden Leitungen und Tanks.
- ❑ Versuchen Sie nicht, das Abwasser durch **Salz** vor dem Einfrieren zu schützen. Dazu müsste man kiloweise Salz in den Tank schütten! Und bei starkem Frost würde es trotzdem einfrieren!

Unterwegs im Winter

Da im Winter der Energieverbrauch erheblich höher ist, sodass man im Wohnmobil kaum mehr als zwei Tage ohne externe Versorgung auskommt, wird man eher dazu neigen, einen **Campingplatz** anzusteuern – insbesondere, wenn man ohnehin mehrere Tage an der gleichen Stelle bleiben will, um Wintersport zu treiben. Dann kann auch ein **Vorzelt** sehr praktisch sein: als Wärmeschleuse, Skiablage, für zusätzlichen Raum und um den Schnee abzubürsten. Aber man kann durchaus auch im Winter frei stehen (besonders wenn man die Stromversorgung durch Solarpaneele verbessert) – und hie und da findet man auch an **Liftparkplätzen** bereits **230-V-Anschlüsse** für Wohnmobile, sodass man problemlos eine ganze Woche stehen kann.

Parken Sie mit eingelegtem erstem Gang, ziehen Sie die Handbremse nicht an (sie könnte festfrieren!) und stellen Sie Ihr Fahrzeug möglichst auf schneefreiem Grund oder auf Holzbohlen ab, sonst könnte es durch die abgestrahlte Wärme allmählich einsinken. Auch unter Kurbelstützen legt man besser ein Brett o. Ä., damit sie weder einsinken noch festfrieren können. Ihr **Stromkabel** sollten Sie ebenfalls nicht direkt auf dem Boden verlegen, damit es bei Temperaturschwankungen nicht festfriert.

036wr Abb.: rh

Auf dem Parkplatz ist es sinnvoller, sich neben bereits parkenden Wohnmobilen einzureihen (auch wenn man sonst lieber für sich steht), sonst muss bei Schneefällen der **Räumdienst** um jedes Fahrzeug einzeln zirkulieren – und wenn ihm das zu sehr auf die Nerven geht, dann werden Sie vielleicht hinter einer hohen Schneemauer erwachen!

Achten Sie unbedingt darauf, dass Zwangsentlüftungen und Heizungskamin offen und nicht von Schnee bedeckt sind – sonst besteht Erstickungsgefahr!

Auch die **Dachhauben** sollte man schneefrei halten, damit sie nicht vereisen. Ist das Dach so gut isoliert, dass der Schnee darauf nicht schmilzt, kann man ihn als zusätzliche Isolierung liegen lassen. Falls er hingegen abtaut, sollte man das **Dach** besser frei räumen, da das wieder

Achtung Eispanzer!
Sollte festfrierendes Schmelzwasser Teile des Wohnmobils mit einem Eispanzer überziehen, dann versuchen Sie, diesen vor Abreise oder spätestens nach den ersten Kilometern zu entfernen. Falls das Eis in tieferen Lagen taut, sich löst und durch den Fahrtwind abgerissen wird, könnte es an anderen Fahrzeugen erhebliche Schäden verursachen!

gefrierende Schmelzwasser sonst das Fahrzeug mit einem dicken Eispanzer überzieht (s. Tipp S. 107).

Sind Sie zum Wintersport in die Berge gefahren, dann achten Sie beim ersten Benutzen der **Toilette** darauf, dass Sie bei geschlossenem Deckel den Schieber öffnen – sonst könnte Ihnen durch den höheren Druck im Inneren der Kassette allerhand entgegenkommen!

Falls Sie eine **Kombiheizung Truma C** besitzen (Heizung und Boiler kombiniert), so lassen Sie diese bei Frost ständig eingeschaltet, sonst könnte sich irgendwann nachts das Winterventil automatisch öffnen – und der ganze Wasservorrat plätschert davon!

Bei vielen Modellen kann der Kleiderschrank zugleich als **Trockenschrank** dienen, wenn direkt darunter die Heizung eingebaut ist. Hängt man am Abend Handschuhe, Socken oder Unterhemden hinein, sind sie am nächsten Morgen schön trocken und vorgewärmt. Bedenken Sie jedoch, dass sich dann die ganze Feuchtigkeit im Fahrzeuginneren befindet – und durch **Lüften** wieder entfernt werden muss!

Heizen und Lüften

Heizen

Wenn draußen klirrender Frost herrscht, werden Sie mehr ans Heizen denken als ans Lüften – doch beides ist wichtig und gehört zusammen. Mit dem Heizen werden Sie keine Probleme haben, sofern Sie eine **Gasheizung** besitzen und eine nahe Nachschubquelle kennen. Bei der Umluft-Heizung sorgt das Zwangsgebläse automatisch für die Wärmeverteilung, bei der Direktheizung sollten Sie den Ventilator gelegentlich einschalten, damit nicht die ganze Wärme oben unter der Decke hängt, während Sie unten kalte Füße bekommen. Um die Wärme richtig zu verteilen, muss die Wohnkabine für den Wintereinsatz ringsum, hinter den Polstern und auch im Alkoven mit Warmluftkanälen ausgestattet sein.

Gebläse brauchen jedoch Strom und zehren daher an der Batterie, falls das Wohnmobil nicht an das 230-V-Netz angeschlossen ist. Noch kritischer wird es bei **Benzin-/Diesel-Heizungen,** die besonders viel Strom verbrauchen (zum Zünden und Vorglühen!). Ohne Strom funktioniert nur noch die Direktheizung – während bei den anderen Modellen schlicht gar nichts mehr geht! Also heißt es Strom sparen, eine Solaranlage installieren oder ans Netz gehen!

Wenn Sie einen 230-Volt-Anschluss haben, lohnt es sich, einen

Strom sparen

Bei Benzin-/Diesel-Heizungen kann man Strom sparen, indem man den Thermostat höher einstellt, sodass die Heizung nicht so oft neu Zünden (und Vorglühen) muss und dafür etwas mehr lüftet.

Heizenergie sparen

Wenn Sie am Tag Ihr Wohnmobil so stellen, dass die Sonne durch die Scheiben scheint, dann heizt sie Ihre Wohnung kostenlos, weil die Sonnenstrahlen durch die Scheibe eindringen, die Wärmestrahlen aber nicht wieder hinausgelangen können (wie im Gewächshaus).

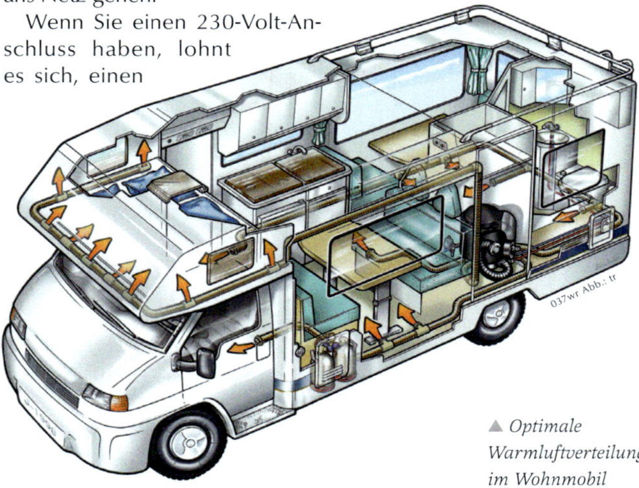

▲ *Optimale Warmluftverteilung im Wohnmobil*

kleinen **Heizlüfter** mitzunehmen, am besten ein Modell, das auf verschiedenen Stufen zwischen 500 und 2000 Watt betrieben werden kann. Erkundigen Sie sich, wie die Steckdose abgesichert ist, damit nicht wegen einer zu hohen Heizstufe die Sicherung rausfliegt!

Heizen während der Fahrt

Wenn es richtig kalt ist, reicht die Motorheizung nicht aus, um während der Fahrt den gesamten Wohnraum ausreichend zu wärmen. Dann kann man mit der im Wohnteil eingebauten Gasheizung nachhelfen. Empfehlenswert ist in diesem Fall jedoch eine Schlauchbruch-Sicherung gleich hinter dem Druckregler des Gassystems. Außerdem darf sich der Abgaskamin nicht im Luftwirbel von Aufbauten befinden, sonst können die Abgase zurück in den Schornstein gepresst werden und die Zündautomatik könnte durch die Flamme beschädigt werden.

Was verträgt die Sicherung?

Um zu wissen, welche Verbraucher Sie anschließen können, multiplizieren Sie einfach die Stromstärke der Sicherung (z. B. 6 A) mit der Spannung (also 230 V), dann erhalten Sie die Leistung in Watt, welche die Sicherung verträgt (in diesem Beispiel 6 x 230 = 1380 Watt). Für eine 2000-Watt-Heizung muss die Steckdose also mindestens mit 9 A abgesichert sein.

Thermovorhang

Falls sich während der Fahrt niemand im Wohnteil aufhält, kann man diesen bei Alkovenmodellen durch einen „Thermovorhang“ (z. B. eine einfache Steppdecke) abtrennen. Dann reicht die Motorheizung aus, um die Fahrerkabine ausreichend warm zu beheizen.

Lüften

Auch wenn Sie lieber keine Kaltluft in Ihre Wohnung lassen wollen – um das Lüften werden Sie im Winter nicht herumkommen. Denn durch das Kochen, durch feuchte Kleider, Atemfeuchtigkeit und Transpiration steigt die Feuchtigkeit der warmen Innenluft – und dort, wo sie abkühlt (an Scheiben, Außenwänden, in Staukästen, im Alkoven, hinter Polstern etc.) kondensiert die Feuchtigkeit.

Fenster beschlagen, Polster werden klamm und die Nässe setzt sich in Möbeln oder gar in der Wandisolierung fest, sodass Schimmel und Pilzbefall in Holzteilen den Wohnaufbau schwer schädigen können. Deshalb muss auch im Winter immer wieder gelüftet werden, damit die Feuchtigkeit entweicht und durch trockene Luft ersetzt wird. Das kostet zwar Heizenergie, kommt aber dem Wohnklima und dem ganzen Fahrzeug zugute. Daher sollte man die Dachlüfter etwas geöffnet lassen (zumindest beim Kochen) oder die Kabine regelmäßig für ein bis zwei Minuten lang per Durchzug belüften.

Airmix
Für Direktheizungen bietet Truma ein Umluftgebläse mit zuschaltbarem Airmix, der die Heizungsluft mit trockener Frischluft vermischt und dadurch Kondenswasserbildung verringert.

Einmotten für den Winterschlaf

Falls Sie für Wintercamping nichts übrig haben und Ihr Reisemobil während der kalten Jahreszeit abmelden oder ein Saisonkennzeichen verwenden, dürfen Sie es den Winter über nicht auf öffentlichen Straßen oder Plätzen abstellen (das kann 50 Euro und 3 Punkte kosten). Am besten ist es, wenn man eine große Garage besitzt oder sein rollendes Ferienhaus den Winter hindurch in einer Scheune oder einem Schuppen unterbringen kann.

Um Schäden zu vermeiden, muss das Wohnmobil aber in jedem Fall richtig auf den **Winterschlaf** vorbereitet werden. Diese kleine Checkliste soll Ihnen dabei helfen:

- ❑ Fahrzeug und Wohnraum gründlich **reinigen.**
- ❑ **Frostschutz** in Kühler und Scheibenwaschanlage prüfen.
- ❑ **Reifendruck** prüfen.
- ❑ Fahrzeug auf **Stützen** stellen oder alle zwei Monate 50 cm bewegen, damit die Reifen nicht durchstehen.
- ❑ Batterie über **Automatik-Ladegerät** ans 230-V-Netz anschließen oder abklemmen und im Haus gelegentlich nachladen.
- ❑ **Treibstofftank** randvoll füllen (Rostschutz).
- ❑ **Wassersystem** (Frischwassertank, Boiler, Leitungen) gründlich entleeren, reinigen und desinfizieren – ggf. Toilettenspültank nicht vergessen!
- ❑ **Abwasser- und Fäkaltank** entleeren und geöffnet lassen.
- ❑ Alle **Wasserhähne** und **Ablaufventile** geöffnet lassen.
- ❑ **Wasserpumpe** gründlich entleeren oder ggf. ausbauen.
- ❑ **Gasflasche** am Hauptventil schließen.
- ❑ **Polster** im Haus lagern oder zur Hinterlüftung aufrecht stellen.

- ❑ **Schränke, Staukästen, Kühlschrank** und **Eisfach** geöffnet lassen.
- ❑ Das ganze Fahrzeug wenigstens einmal pro Monat **durchlüften.**
- ❑ Sich auf den Frühling **freuen!**

038wwr Abb.: rh

Die wichtigsten Reiseländer im Überblick

	Frankreich	*Italien*	*Spanien*
Übernachten [0)]			
Parkplatz	*Ja [2)]*	*Ja*	*Ja*
Privatgrund [1)]	*Ja*	*Ja*	*Ja*
Dokumente	*Ausweis, Grüne Karte empfohlen*	*Ausweis, Grüne Karte empfohlen*	*Ausweis, Grüne Karte empfohlen*
Zoll	*EU-Zone*	*EU-Zone*	*EU-Zone*
Haustiere	*Tollwutimpfung 1 Tag – 12 Monate [12)]*	*Tollwutimpfung 20 Tage – 11 Monate [13)]*	*Tollwutimpfung 30 Tage – 11 Monate [13)]*
Tempo [16)]	*<3,5 t 50/90/130 >3,5 t 50/80/110 [17)]*	*<3,5 t 50/90/130 >3,5 t 50/80/100*	*<3,5 t 50/90/120 >3,5 t 50/80/100*
Promillegrenze	*0,5*	*0,5*	*0,5*
Gurtpflicht	*Ja*	*Ja*	*Ja*
Licht am Tag	*Nein*	*Ja*	*Nein*
Polizeiruf*	*17*	*112*	*112*
Rettungsdienst	*15*	*118*	*061*
Pannenhilfe	*–*	*116 (ACI)*	*(91) 5 93 33 33*
ADAC-Notruf (deutschspr.)	*08 25 80 08 [19)]*	*02 66 15 91 (Mailand)*	*9 35 08 28 28 (Barcelona)*
Landesvorwahl	*0033*	*0039*	*0034*
Fremden-verkehrsamt	*Maison de la France, Zeppelinallee 37, 60325 Frankfurt, (069) 97 58 01-21, info@ franceguide.com www. franceguide.com*	*ENIT, Kaiserstr. 65, 60329 Frankfurt, (069) 23 74 34, enit.ffm@ t-online.de*	*Span. FVA, Myliusstr. 14, 60079 Frankfurt, (069) 72 50 33, frankfurt@ tourspain.es, www.spain.info*

Portugal	Kroatien	Griechenland	Großbritannien
Ja [3] Ja [3]	Nein Nein	Nein Ja [4]	Nein Ja
Ausweis, Grüne Karte empfohlen	Ausweis, Grüne Karte empfohlen	Ausweis [8], Grüne Karte empfohlen	Ausweis, Grüne Karte empfohlen
EU-Zone	200 Zigaretten 2 l Wein 1 l Spirituosen	EU-Zone	EU-Zone [9]
Tollwutimpfung 30 Tage – 12 Monate [14]	Tollwutimpfung 15 Tage – 6 Monate [15]	Tollwutimpfung 15 Tage – 12 Monate [14]	Impfungen, aktueller Bluttest und ID-Chip
<3,5 t 50/90/120 >3,5 t 50/80/100 >7,5 t 50/70/90	<3,5 t 50/80/130 >3,5 t 50/80/100	<3,5 t 50/90/120 >3,5 t 50/90/120	<3,5 t 48/96/112 >3,5 t 48/96/112 [18]
0,5	0,0	0,2	0,8
Ja	Ja	Ja	Ja
Nein	Ja	Nein	Nein
112	112/92	112	112
112	112/94	112	112
nicht einheitlich	987 (HAK) 01987 (Handy)	10400 (ELPA)	(0800) 28 90 18
+34 9 35 08 28 08 (Barcelona)	(01) 3 44 06 66 (Zagreb)	(21) 09 60 12 66 (Athen)	(0049) 89 22 22 22
00351	00385	0030	0044
ITP, Schäfergasse 17, 60313 Frankfurt, 1805004930 (12 ct/Min.), info@ visitportugal.com www. visitportugal.com	Kroat. Zentrale für Tourismus, Rumfordstr. 7, 80469 München, (089) 22 33 44, kroatien-tourismus@ t-online.de, www.croatia.hr	GZF, Neue Mainzer Str. 22, 60311 Frankfurt, (069) 25 78 270, info@gzf-eot.de, www.gnto.gr	Visit Britain, Hackescher Markt 1, 10178 Berlin, (0180) 1 46 86 42, gb-info@ visitbritain.org www. visitbritain.com

	Irland	Österreich	Schweiz
Übernachten[0] Parkplatz Privatgrund[1]	Nein[5] Ja	Ja[6] Ja	Nein Ja
Dokumente	Ausweis, Grüne Karte empfohlen	Ausweis	Ausweis
Zoll	EU-Zone[9]	EU-Zone	200 Zigaretten 2 l Wein 1 l Spirituosen
Haustiere	Impfungen, aktueller Bluttest und ID-Chip	Tollwutimpfung 30 Tage – 12 Monate[13]	Tollwutimpfung 20 Tage – 12 Monate
Tempo[16]	<3,5 t 50/80/120 >3,5 t 48/96/112[18]	<3,5 t 50/100/130 >3,5 t 50/100/100 >7,5 t 50/70/80	<3,5 t 50/80/120 >3,5 t 50/80/100
Promillegrenze	0,8	0,5	0,5
Gurtpflicht	Ja	Ja	Ja
Licht am Tag	Nein	Nein	Nein
Polizeiruf*	112, 999	133	117
Rettungsdienst	112, 999	144	144
Pannenhilfe	18 00-66 77 88	120 (ÖAMTC)	140
ADAC-Notruf (deutschspr.)	(0049) 89 22 22 22	(01) 2 51 20 60 (Wien)	(0049) 89 22 22 22
Landesvorwahl	00363	0043	0041
Fremden-verkehrsamt	Tourism Ireland, Guteleutstr. 32, 60329 Frankfurt, (069) 66 80 09 50, www.tourismireland.de	Austria-Info, Postfach 83, 1043 Wien 01802 101818, www.austria.info	Schweiz Tourismus, Rossmarkt 23, 60311 Frankfurt, (069) 25 60 01 32, www.myswitzerland.com

* Notruf europaweit: 112

[0] Einmal übernachten möglich, kein Camping!

[1] Mit Erlaubnis des Besitzers

[2] In geschlossenen Ortschaften nur an ausgewiesenen Plätzen

[3] Nicht in Ortschaften u. an Stränden

[4] Nicht an Stränden, in Wäldern und an archäologischen Stätten

[5] Wird aber generell toleriert

[6] Achtung: In Tirol und Wien verboten!

[7] Nicht auf Rastplätzen

[8] Für Transit durch Bulgarien oder Rumänien Reisepass

Dänemark	Norwegen	Schweden
Nein Ja	*Ja* [7] *Ja*	*Ja Ja*
Ausweis	*Ausweis, Grüne Karte empfohlen*	*Ausweis, Grüne Karte empfohlen*
EU-Zone	*200 Zigaretten 2 l Wein/Bier 1 l Spirituosen* [10]	*EU-Zone, 400 Zigaretten* [11] *26 l Wein/60 l Bier 1 l Spirituosen* [10]
Tollwutimpfung 30 Tage – 12 Monate [15]	*Tollwutimpfung und Test 120–365 Tage Bandwurmbehandlung*	*Tollwutimpfung und Test 120–365 Tage Bandwurmbehandlung*
<3,5 t 50/80/120 >3,5 t 50/70/80	*<3,5 t 50/80/90 >3,5 t 50/80/80 >7,5 t 50/70/70*	*<3,5 t 50/70–90/90–110 >3,5 t 50/80/90*
0,5	*0,2*	*0,2*
Ja	*Ja*	*Ja*
Ja	*Ja*	*Ja*
112	*112*	*112*
112	*113*	*112*
79 42 42 42	*22 34 16 00 (NAF)*	*nicht einheitlich*
79 42 42 85 (Vejle)	*(0049) 89 22 22 22*	*(0049) 89 22 22 22*
0045	*0047*	*0046*
Visit Denmark, Glockengießerwall 2, 20095 Hamburg, 01805 32 64 63, www.visitdenmark.com	*Norwegisches FVA, Neuer Wall 41, 20354 Hamburg, (040) 22 94 15 18, www.visitnorway.com*	*Schweden-Werbung, (069) 22 22 34 96, www.visit-sweden.com*

9) *Keine Fleischprodukte und Eier*
10) *Mindestalter 20 Jahre*
11) *Mindestalter 18 Jahre*
12) *Tiere unter 3 Monaten verboten*
13) *Tierärztliches Gesundheitszeugnis*
14) *Amtsärztliches Gesundheitszeugnis*
15) *Internationaler Impfpass*
16) *Ortschaft/ Landstraße/ Autobahn*
17) *Bei Nässe generell 50/80/110*
18) *Linksverkehr! Eine Meile = 1,6 km*
19) *An Autobahnen und Schnellstraßen nur Notrufsäulen*

005wr Abb.: rh

▶ *Vermilion Cliffs, Utah, USA*

Die schönsten Routen

Schöne Reiseziele gibt es viele – doch die optimale Route herauszufinden und alle für einen erfolgreichen Womo-Urlaub wichtigen Informationen zu sammeln, ist eine Menge Arbeit. Ich habe daher einige der schönsten Routen im In- und Ausland speziell für Reisemobil-Urlauber ausgearbeitet und zusammengestellt:

Irland-Rundfahrt

Überblick

Art

Küsten-, Klippen-, Bergstraße.

Länge

Die Gesamtstrecke umfasst ca. 3900 km, es sind aber zahlreiche Abkürzungen möglich.

Verlauf

Rundstrecke um die Insel (inkl. Nordirland) mit Abstechern zu den wichtigsten Sehenswürdigkeiten.

Höhe

Meereshöhe bis ca. 700 m.

Beste Zeit

Frühjahr/Herbst (aber auch ganzjährig möglich).

Landschaft

Äußerst abwechslungsreiche Küsten und Berglandschaft mit Eichen-Urwäldern, üppigen Parklandschaften, Rhododendron-Dickicht, Mittelmeer-Vegetation und skandinavisch anmutenden Berglandschaften; zahlreiche Seen, Moore und Wasserfälle, endlose Sanddünen und schroffe Klippen; Felslandschaften und von Felsen übersäte Bergmatten.

Besonderheiten

Holprige, kurvenreiche, schmale und teils einspurige Teersträßchen zwischen wilden Fuchsienhecken und Rhododendren; Pass-Strecken mit Serpentinen; abenteuerliche Küstenstrecken, die aus dem Fels gesprengt wurden – in Schwindel erregender Höhe folgen sie nahezu senkrechten Klippen, gegen deren Fuß die Wellen des Atlantiks branden; viele Panorama-Blicke über Meer und Berglandschaften; westlichster Punkt Europas; zahlreiche keltische Ruinen; zerfallende Schlösser und Herrensitze, prachtvolle Parks und idyllische Dörfchen.

Information

- **Tourism Ireland,**
  Guteleutstr. 32, 60329 Frankfurt,
  Tel. (069) 66 80 09 50,
  www.tourismireland.de, info@tourismireland.de

Literaturtipps

- Rainer Höh und Ch. Prager, **Wohnmobil kompakt. Irland,** Motorbuch Verlag, Stuttgart, 1997 (derzeit leider nur antiquarisch erhältlich)

Literaturtipp
Reisehandbuch „Irland" von Hans-Günter Semsek, Reise Know-How Verlag, Bielefeld

Anreise

Fähren

Sie haben die Wahl zwischen Direkt-Fähren von Frankreich nach Südirland (Fahrzeit 14–21 Stunden) und Landbridge-Fähren via Großbritannien mit wesentlich kürzeren Fahrzeiten. Erstere bieten die Möglichkeit, nachts überzusetzen und so einen Reisetag einzusparen, letztere sind nicht unbedingt viel billiger, aber jenen zu empfehlen, denen es vor langen Schifffahrten auf rauer See graust.

Interessant ist auch die Möglichkeit von Irish Ferries und P&O Ferries, Direktfähre und Landbridge bei Hin- und Rückreise zu kombinieren.

Fahren Sie unbedingt frühzeitig los, um bei unerwarteten Staus oder Pannen rechtzeitig ohne Stress am Hafen zu sein. Wenn man die Abfahrt verpasst, ist das Ticket futsch!

Direktfähren bieten nur zwei Gesellschaften:

- ***Irish Ferries:*** *Le Havre - Rosslare (21 Std), Le Havre - Cork, Cherbourg - Rosslare, Roscoff - Rosslare (14 Std), Roscoff - Cork. Für Wohnmobile bis 6,50 m Länge bezahlt man hier den PKW-Tarif ohne Höhenzuschlag, für längere Fahrzeuge einen Zuschlag pro angefangenem Meter.*
  Generalvertretung:
  Karl Geuther GmbH, *Martinistr. 58, 28195 Bremen, Tel. (0421) 17 60 44 4, Fax 17 14 87, www.geuther.com, www.atlantic-reisebuero.de, atlantic-rsb@geuther.com*
- ***Brittany Ferries:*** *Roscoff - Cork (14 Std), www.brittanyferries.de*
  Generalvertretung:
  DER, *Emil-von-Behring-Str. 60, 60439 Frankfurt, Tel. (069) 95 88-00, Fax 95 88-3508, www.dertour.de*

Flug/Mietwohnmobil

Wer Angst hat, seekrank zu werden, kann von fast allen größeren Flughäfen direkt nach Irland fliegen und mit einem gemieteten Wohnmobil reisen.

Allerdings konnte ich bislang auf der ganzen Insel leider nur einen Vermieter ausfindig machen – und der befindet sich in Nordirland:

- ***Motorhome Ireland Ltd,***
  www.motorhome.ie, info@motorhome.ie, depot@motorhome.ie

Womo-Tipps

In Irland gibt es 128 offiziell anerkannte **Campingplätze.** Sie sind fast immer gut ausgestattet und bieten Ver- und Entsorgungsmöglichkeiten, aber nur wenige sind ganzjährig geöffnet. Die Broschüre „Camping & Caravaning" mit umfassenden Cam-

▶ Im Südwesten Irlands unterwegs

040wr Abb.: rh

ping-Infos erhält man von der Fremdenverkehrszentrale.

Freistehen ist offiziell nicht gestattet, wird aber für eine Nacht fast immer toleriert. Auch habe ich mich selten irgendwo so sicher gefühlt wie in Irland. Für längere Aufenthalte sollte man auf einen Campingplatz gehen.

Ver-/Entsorgungsstationen außerhalb der Campingplätze habe ich in Irland nie gesehen. Selbst passionierte Freisteher sollten daher gelegentlich einen Campingplatz ansteuern, um Abwasser- und Fäkaltanks zu entleeren. Wer freundlich anfragt, wird auch als Durchreisender gegen eine geringe Gebühr entleeren können.

Trinkwasser habe ich meist an Tankstellen aufgefüllt. Achtung: In entlegenen Gegenden kann das Leitungswasser direkt aus dem nächsten See kommen und sollte vorsichtshalber abgekocht werden.

Routenvorschläge

Südwesten

Gesamtstrecke mit Abstechern: ca. 550 km
Direktroute Glengarriff - Tralee: 93 km

- **Ring of Beara:** Glengarriff - Adrigole - Healy-Pass - Lauragh - Allihies - Castletown Bearhaven - Adrigole - Glengarriff (ca. 150 km, Direktstrecke Glenngarriff - Kenmare: 25 km)
- **Ring of Kerry:** Kenmare - Killarney - Ring of Kerry (ca. 180 km, Direktstrecke Killarney - Tralee: 20 km)
- **Rundfahrt Dingle Halbinsel** ab/bis Tralee (ca. 160 km)

Westen

Gesamtfahrstrecke mit Abstechern: ca. 1.100 km
Direktroute: Limerick - Galway 104 km, Galway - Clifden - Westport - Castlebar - Sligo 180 km

- Tralee - Limerick - Ennistimon - Kinvarra (Rundfahrt Cliffs of Moher & Burren) - Clonmacnois - Galway - Ballynahown - Maam Cross - Clifden - Leenaun - Westport

Empfehlenswerte Abstecher:
- Rundstrecke Leenaun - Doo Lake - Westport - Leenaun (ca. 43 km)
- Abstecher Leenaun - Cong - Ballinrobe - Westport (ca. 60 km)
- Rundfahrt Corraun-Halbinsel und Achill Island (ca. 70 km)
- Westport - Mallaranny - Bangor - Downpatrick Head - Sligo (ca. 97 km)

Donegal und Nordirland

Gesamtfahrstrecke mit Abstechern: ca. 1.000 km
Direktrouten: Donegal - Letterkenny ca. 50 km; Letterkenny - Derry ca. 35 km, Derry - Belfast ca. 117 km, Belfast - Dundalk ca. 84 km
- Sligo - Donegal - Glenkolumbkille - Glenties - Dunglow - Dunlewy - Glenveagh NP - Carrickart - Millford - Letterkenny (ca. 320 km)
- Letterkenny - Inishowen-Halbinsel (ca. 26 km)

Empfehlenswerte Abstecher:
- The Rosses (ca. 17 km), Bloody Foreland (ca. 36 km), Horn Head (ca. 35 km), Rosguill (ca. 15 km), Fanad (ca. 68 km); Inishowen-Rundfahrt (ca. 160 km)
- Inishowen - Derry - Coleraine - Portrush - Ballycastle - Glenariff - Ballymena - Belfast - Downpatrick - Newry - Dundalk (ca. 320 km)

Ostküste

Gesamtfahrstrecke mit Abstechern: ca. 490 km
Direktroute Dublin - Arklow - Wexford - Rosslare Harbour 153 km

- Dundalk – Drogheda (35 km);
- Rundfahrt ab/bis Drogheda: Monasterboice – Mellifont – New Grange (ca. 25 km)
- Drogheda – Skerries – Rush – Dublin (ca. 56 km)
- Dublin – Brittas – Sally Gap – Enniskerry – Laragh – Glendalough (115 km)
- Glendalough – Wicklow Gap – Blessington – Hollywood – Laragh – Arklow (ca. 105 km)
- Rundfahrt Arklow – Brittas Bay – Wicklow – Mt. Usher Gardens – Arklow (ca. 65 km)
- Arklow – Gorey – Kilmuckridge – Wexford – Rosslare Harbour (ca. 90 km)

Adria-Magistrale und Kroatien

Überblick

Art

Küstenstraße durch zum Teil steile Küstenberge.

Länge

Zirka 850 km.

Verlauf

E6 von Koper bis Dubrovnik.

Höhe

Meereshöhe bis ca. 300 m mit Abstechern bis auf 1700 m Höhe!

Beste Zeit

Frühjahr/Herbst (aber auch ganzjährig möglich).

Landschaft

Abwechslungsreiche Küstenlandschaft mit karger Steinwüste, Pinienwäldern und üppiger Mittelmeer-Vegetation; intensive Farben und hohe, weiße Karstberge mit weitem Blick über ein Labyrinth von Inseln; überwiegend Felsküste und Kiesbuchten mit kristallklarem Wasser.

Besonderheiten

Teils gut ausgebaute, teils auch noch schmale und holprige, meist sehr kurvenreiche Küstenstraße mit zahlreichen Badestränden und grandiosen Panoramablicken über das Meer; streckenweise aus dem Fels gesprengt oder auf Klippen hoch über dem Blau der Adria; vor allem im Winter und zeitigen Frühjahr können gefährliche Fallwinde (Bora) von den Bergen herunter- und aufs Meer hinauswehen.

Unterwegs passiert man Fels- und Kiesstrände, Steilküsten und stille Buchten, Pinienwälder und kahle Karstregionen, malerische Fischerdörfer, mittelalterliche Festungsstädte und eine Stadt im Römerpalast. Besonders spektakulär und höchst abenteuerlich ist der Abstecher auf der 20 km langen Panoramastraße, die in völlig ungesicherten und extrem engen Serpentinen von der Küste einen fast senkrechten Felshang hinauf bis dicht unter den Gipfel des 1760 m hohen Sveti Jure führt.

Literaturtipp

Wohnmobil-Tourguide „Kroatien" von Rainer Höh, Reise Know-How Verlag, Bielefeld. Das Bordbuch für Wohnmobilisten.

Information

- **Kroatische Zentrale für Tourismus**
  Kaiserstr. 23, 60311 Frankfurt,
  Tel. (069) 25 20-45, Fax -54,
  kzft@gmx.de, www.kroatien.hr
- **Kroatische Zentrale für Tourismus**
  Rumfordstr. 7, 80469 München,
  Tel. (089) 22 33-44, -77,
  kroatien-tourismus@t-online.de

Literaturtipps

- Rainer und Peter Höh, **Istrien & Dalmatien,**
  Motorbuch Verlag, Stuttgart, 1999
  (spezieller Wohnmobil-Reiseführer)

Anreise

Am schnellsten gelangt man nach Kroatien via E52 und 55 München - Salzburg - Villach - Ljubljana (fast durchgehend Autobahn). Für die Autobahnen in Österreich muss man eine Vignette kaufen - zudem für Tauern- und Karawankentunnel nochmals Maut bezahlen. Auch die Autobahn in Slowenien ist kostenpflichtig. In Ferienzeiten ist auf dieser Strecke mit Staus zu rechnen (besonders in Slowenien und Nordkroatien). Bei normalem Verkehr braucht man für die Strecke München - Rijeka ca. 7 Std.

Womo-Tipps

An der Küste und auf den Inseln gibt es rund 140 gut ausgestattete **Campingplätze** (die meisten, größten und besten im Norden - nach Süden hin wird die Dichte geringer). Viele Plätze sind in den letzten Jahren neu ausgebaut und an die Kanalisation angeschlossen worden. Informationen über:

- ***KUH,*** *Pionirska 1, HR-52440 Poreć, Tel. +385 (052) 45 13 24, Fax 45 12 79, E-Mail: ccu@camping.hr*

Freistehen. Wohl in keinem anderen Mittelmeerland sind Sie so sicher wie in Kroatien. Freistehen war allerdings offiziell nie gestattet und wird neuerdings auch nicht mehr toleriert.

Ver-/Entsorgungsstationen außerhalb der Campingplätze habe ich nie gesehen. Nur in Istrien haben einige Campingplätze Ver-/Entsorgungsstationen vor dem Eingang, die man nutzen kann. Daher wird man ab und zu einen Campingplatz ansteuern müssen, um Abwasser- und Fäkaltanks zu entleeren. Ein langer Wasserschlauch, Griffhaken zum Öffnen von Kanaldeckeln und ein Verlängerungsschlauch für den Abwasserstutzen sind zu empfehlen. Auf Chemie in der WC-Kassette möglichst verzichten!

Fähren

Informationen für sehr lohnende Abstecher auf die zahlreichen Inseln bekommt man von:

- ***Jadrolinija,*** *Riva 16, HR-51000 Rijeka, Tel. +385 (051) 66 61 11, Fax 21 31 16, www.jadrolinija.hr*
- *Buchungsbüro* ***Dertour,*** *Emil-von-Behring-Str. 60, 60439 Frankfurt, Tel. (069) 95 88-00, Fax 95 88-35 08 www.dertour.de, E-Mail: service@dertour.de*

Routenvorschläge

Route 1: Istriens Küste – Kvarner Inseln – Kvarner Küste – Istriens Binnenland

Von der E 751 biegt man kurz hinter dem Grenzübergang von Slowenien her nach Nordwesten ab zum **Nordkap Istriens** bei Savudrija und von dort südwärts direkt am Meer entlang nach **Poreč,** das mit der Euphrasius Basilika einen ersten kulturellen Höhepunkt setzt. Um den Limski-Kanal herum erreicht man **Rovinj,** die schönste Küstenstadt Istriens, und **Pula** mit seinem riesigen Amphitheater.

An der Ostseite Istriens geht es etwas abseits der Küste über die reizvollen Bergorte Labin und Plomin zum **Kap Mašnjak** mit weitem Ausblick auf die Kvarner Inseln und dahinter ein steiles Sträßchen hinab zur Fähre auf die Insel Cres.

Der Länge nach durchquert man die karge, aber überraschend abwechslungsreiche **Insel Cres** und die subtropisch grüne **Insel Lošinj** und fährt dann zurück bis Merag, wo die Fähre nach Krk ablegt.

Über die alte Inselhauptstadt **Krk** und um die Bucht von Punat herum gelangt man zum Badeort **Baška,** von wo aus man im Sommer die Fähre zur **Insel Rab** nehmen kann. Dort locken der sandige Paradiesstrand von Lopar und die romantische Altstadt von Rab.

Wieder auf dem Festland, geht es auf der Adria-Magistrale am Fuß des wilden Velebit entlang zur

041wr Abb.: rh

Uskokenstadt **Senj** und durch alte Badeorte des Vinodol und die Hafenstadt Rijeka in den nostalgischen Kurort **Opatija.**

Über den fast 1000 m hohen **Učka-Pass** kommt man ins stille Landesinnere Istriens mit vielen malerischen Bergorten und Kirchen mit alten Fresken, ehe sich bei Buje der Kreis schließt.

Route 2:
Pag – Zadar mit Inseln – Plitvice Nationalpark

Diese Rundstrecke, die sich mit Route 1 kombinieren lässt, beginnt bei Senj oder Jablanac. Von Prizna setzt man über zur **Insel Pag** mit Kiesstränden und der Renaissance-Stadt **Pag,** durchquert die für ihren Schafskäse und ihre Spitzen bekannte Insel und gelangt über eine Brücke in den altkroatischen Ort **Nin** nahe wenig besuchten Sandstränden und weiter nach **Zadar,** das für seine Baudenkmäler und für die größten Märkte Dalmatiens bekannt ist.

Abstecher lohnen sich von hier aus auf die grünen **Inseln Ugljan und Pašman** und zur traumhaften **Insel Dugi Otok** (nur direkt von Zadar erreichbar) mit einem schneeweißen Sandstrand und den Klippen und Buchten des Telašćica-Schutzgebiets. Unmittelbar südlich davon beginnt der **Kornaten-Nationalpark.**

Auf der weiteren Strecke (E65) besucht man die Karstschluchten des **Paklenica-Nationalparks** bei Starigrad, ehe man durch das Landesinnere zur Wasserwunderwelt der **Plitwitzer Seen** fährt und über den **Vratnik-Pass** und die Stadt **Senj** mit der Uskokenburg Nehaj die Runde schließt.

Route 3: Küste und Inseln Dalmatiens

Diese Route, die bei Zadar an Route 2 anschließt, ist keine einfache Rundstrecke, sondern bietet verschiedene Varianten, Abstecher und Schleifen. Zunächst folgt man der Küste durch zahlreiche Ba-

◄ *Route 3: An der Küste Dalmatiens*

deorte (Abstecher über die Klappbrücke zur Insel Murter) nach **Šibenik** mit seinem imposanten Dom und winkeligen Gässchen. Wenige Kilometer landeinwärts der Stadt findet man den grandiosen **Krka-Nationalpark.**

Weiter an der Küste entlang folgen malerische Städte wie **Primošten** mit seinen weltberühmten Weinbergen, das mittelalterliche **Trogir** und die **Festungen von Kaštela** (Abstecher landeinwärts nach Klis und Sinj).

Von **Split,** der Stadt im Römerpalast, kann man die Küstenroute wählen: über die Piratenstadt **Omiš** entlang der Makarska Riviera in die weltberühmte Festungsstadt **Dubrovnik.** Oder man nimmt von Split die Fähre zur **Insel Brač** mit einsam-wildem Binnenland und dem Goldenen Horn bei **Bol** und setzt von Sumartin nach Makarska über (keine Autofähre zwischen Brač und Hvar!).

Oder man fährt von Split zur **Lavendelinsel Hvar,** von deren Ostspitze man zum Festland übersetzen kann.

Vom romantischen Ferien- und Kurort **Hvar** gibt es aber auch Autofähren nach Vela Luka auf Korčula, von wo man der Länge nach durch die ganze Insel zur Inselhauptstadt **Korčula** gelangt, die als „Dubrovnik en miniature" gepriesen wird und für den farbenprächtigen Schwerttanz Moreška bekannt ist.

Über **Orebić** und durch das bergige Landesinnere der **Halbinsel Pelješac** erreicht man nahe der langen Befestigungsmauer von Ston das Festland und kann weiter bis zur Festungsstadt Dubrovnik fahren.

Ein weiterer Abstecher lohnt sich von Dubrovnik zur **Insel Mljet** mit ihrem Nationalpark, Salzseen und üppig subtropischen Wäldern.

Auf der **Rückreise** kann man der Küste folgen oder bisher nicht besuchte Inseln ansteuern.

Mecklenburger Seengebiet und Uckermark

Überblick

Art
Überwiegend schmale Landstraßen, teilweise gepflastert, teils auch Sandwege.

Länge
Insgesamt ca. 1100 km (beliebige Abkürzungen und Varianten möglich).

Verlauf
Von Dömitz kreuz und quer durch das Seengebiet bis in die Uckermark.

Höhe
Flachland unter 100 m.

Beste Zeit
Frühjahr bis Herbst (aber ganzjährig möglich).

Landschaft
Faszinierende eiszeitliche Seen-Landschaft mit Kiefernwäldern, Heideland und Kanälen in der sicherlich ursprünglichsten und am dünnsten besiedelten Region Deutschlands.

Mecklenburg ist mit nur 2 Millionen Einwohnern das bevölkerungsärmste und naturreichste Bundesland Deutschlands. Industrie und Großstädte fehlen. Dafür gibt es hier Natur pur. Malerische Alleen verwandeln die Straßen in grüne Tunnel. In Backsteindörfern mit krummen Pflastergassen scharren die Hühner auf dem Hof und sattgelbe Rapsfelder überziehen das sanfte Hügelland. Das macht die Seenplatte zum idealen Reiseziel für Reisemobilisten, die Natur, Ruhe und Entspannung suchen. (Eine „blühende Landschaft" – aber nur im wörtlichen Sinne, denn wirtschaftlich ist Mecklenburg das Schlusslicht der Republik.)

Das Seengebiet erstreckt sich zwischen Berlin und der Ostseeküste sowie von Schwerin bis fast zur polnischen Grenze und weit nach Brandenburg hinein. Rund 10.000 Wasserflächen, verbunden durch ein verzweigtes Netz von Bächen und Kanälen, machen diese Landschaft zu einem einzigartigen Naturparadies. Fischadler, Seeadler und Schreiadler sind hier noch heimisch, Reiher und Kraniche, Biber, Fischotter, Weißstörche und sogar der seltene Schwarzstorch. Riesige Kiefernwälder, urige Moore, trockene Strauchheide und alte Buchenbestände säumen die Straßen. Und für das kulturelle Kontrastprogramm sorgen die verstreuten Dörfer und Städtchen mit schmucken Backsteinkaten, märchenhaften Schlössern, Stadttoren, Klöstern und Museen.

Information

- **Tourismusverband Mecklenburg-Vorpommern,**
  Platz der Freundschaft 1, 18059 Rostock,
  Tel. (0381) 403 05-00, Fax -55,
  info@auf-nach-mv.de, www.auf-nach-mv.de
- **Fremdenverkehrsverband Mecklenburgische Seenplatte,**
  Turnerstr. 2, 17207 Röbel,
  Tel. (039931) 538-0, Fax 538-29,
  info@Mecklenburgische-Seenplatte.de,
  www.Mecklenburgische-Seenplatte.de
- **Fremdenverkehrsverein Feldberger Seenlandschaft,**
  Strelitzer Str. 15 a, 17258 Feldberg,
  Tel. (039831) 203 43, Fax 208 59,
  www.feldberg.de

- **Hydro-Bike- und Kanu-Vermietung „Treibholz“,** Oberpfuhlstr. 3 A, 17279 Lychen, Tel. (039888) 4 33 77, Fax 4 33 78, mit Stationen in Lychen, Fürstenberg, Himmelpfort und Templin, mail@treibholz.com www.treibholz.com
- **Floß- und Draisinefahrten:** Fremdenverkehrsverein Lychen, Am Markt 8, 17279 Lychen, Tel. (039888) 22 55, Fax 41 78, www.lychen-urlaub.de, fremdenverkehrsverein@lychen.de

Literatur

- **world mapping project,** Blatt Berlin – Ostsee, 1 : 250.000
- **Wasserwanderkarten** „Feldberg-Lychener Seenlandschaft“, „Strelitzer Seenplatte“ und „Plauer See – Müritz“, Studio Verlag Norderstedt, 1: 50.000
- Rainer Höh, **Wohnmobil kompakt Reisen „Mecklenburger Seen“,** Motorbuch Verlag. Ausführliche Beschreibung der nachfolgenden Route mit zahlreichen Farbbildern, Stellplatz- und Campingtipps und speziellen Infos für Reisemobilisten.
- Peter und Rainer Höh, **Urlaubshandbuch Mecklenburg-Vorpommern Binnenland,** Reise Know-How Verlag, Bielefeld
- H. Herm und R. Höh, **Wasserwandern Mecklenburg/Brandenburg,** Reise Know-How Verlag, Bielefeld. Ein Wasserwanderführer mit genauen Routenkarten, der ausführlich und anschaulich 20 der schönsten Touren für Paddler und Freizeitkapitäne beschreibt.

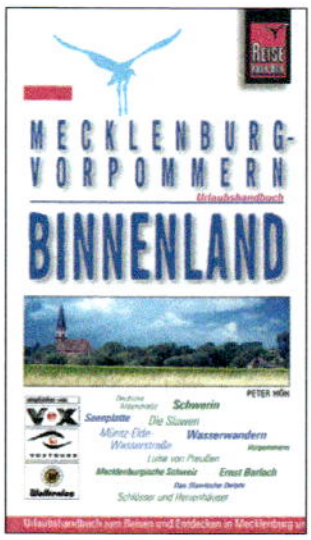

Routenvorschläge

Die schönste Route durch das Ferienparadies beginnt an der neuen Elbbrücke bei Dömitz und führt auf malerischen Alleen nach Norden: zum **Schloss Ludwigslust,** in die von Wasser umgebene Landeshauptstadt **Schwerin** mit ihrem Märchenschloss, und zum **Dorf Mecklenburg,** wo eine malerische Windmühle sowie das attraktive Agrarmuseum auf Besucher warten.

Dann geht es auf kleinen Sträßchen durch die einsame Kleinseenlandschaft zwischen **Neukloster** und **Warin,** ehe das Freilichtmuseum **Groß Raden** bei Sternberg einen neuen Höhepunkt setzt. 1973 hat man dort auf einer Landzunge im Binnensee einen slawischen Kultort komplett mit Dorf, Tempel und Wallburg entdeckt, der originalgetreu rekonstruiert wurde und heute einzigartige Einblicke in das Leben der slawischen Stämme im 7.–12. Jh. verschafft.

Durch das malerische Warnowtal und verschlafene Dörfchen geht es nach **Bützow** und dann ostwärts durch eine Reihe sehenswerter Kleinstädte: **Güstrow** mit seiner malerischen Altstadt und den Skulpturen Ernst Barlachs, **Teterow** mit seiner Burgwallinsel und dem berühmten Bergring und in die Reuterstadt **Stavenhagen,** hinter der die über 1000-jährigen Eichen von Ivenack in den Himmel ragen.

Dazwischen schwenkt man immer wieder nach Süden, beispielsweise um **Krakow am See** zu besuchen und in der reizvollen Mecklenburgischen Schweiz das schmuck herausgeputzte **Schloss Basedow.**

Weiter südwärts gelangt man in das Ferienstädtchen **Waren** mit dem Müritzmuseum und dem größten deutschen See, wo eine Rundfahrt rings um die Mecklenburger Großseen beginnt – über

042wr Abb.: rh

Röbel, Malchow und Plau zum agrarhistorischen Museumsdorf **Alt-Schwerin** und zu den Wisenten auf dem **Damerower Werder.**

Danach geht es „auf Safari" durch die Wald- und Wasserlandschaft des riesigen **Müritz-Nationalparks** – ein Naturjuwel, wie man es im dicht besiedelten Deutschland nicht für möglich halten sollte! Auf schmalen Sträßchen erreicht man **Ankershagen** mit dem Schliemann-Museum und **Kratzeburg** nahe der Havelquelle – eine Dorf-Idylle wie vor hundert Jahren und Ausgangspunkt für eine faszinierende Kanutour im Labyrinth der Seen und Kanäle.

Dann geht es um den Tollensesee herum nach **Neubrandenburg,** das für seine Stadtmauer mit fotogenen Wiekhäuschen bekannt ist, weiter durch **Burg Stargard** und das schmucke **Neustrelitz** bis nach **Mirow.**

Ein Abstecher von Neustrelitz führt durch die wilde Landschaft des östlichen **Müritz-Nationalparks,** in der man auf der Hut sein muss, um sich nicht auf abenteuerlichen Sandwegen zu verirren.

Südlich von Mirow erstreckt sich ein labyrinthisches Gewirr aus Wald und zahllosen Seen. An seinem Südrand liegt das romantische **Rheinsberg,** bekannt durch den Tucholsky-Roman „Rheinsberg – ein Bilderbuch für Verliebte".

Die Wasserwelt zwischen **Fürstenberg, Lychen und Feldberg** ist das nächste Ziel. Besuchen Sie die ganz von Efeu überwucherte **Klosterruine Himmelpfort,** unternehmen Sie einen Abstecher in den spektakulären **Ziegeleipark Mildenberg** und bummeln Sie durch das ganz von Seen umgebene **Lychen** mit seinem Flößereimuseum. Dort kann man an einer Floßfahrt teilnehmen, auf einer Draisine durch die malerische Natur zwischen Fürstenberg, Lychen und Templin radeln oder ein Wasserfahrrad mieten, um das Seenparadies zu erkunden.

Eine weitere Kanutour (die vielleicht schönste Route der Region) beginnt im schmucken Ort **Feldberg:** Über den Schmalen Luzin und eine Kette kleiner, durch Kanäle verbundener Seen paddelt man südwärts und dann den wildromantischen Bach Küstrinchen hinunter bis nach Lychen. Durch urwüchsige Sumpfwälder und gewundene Schilfkanäle, durch urtümliche Bruchwälder, in denen die Erlen wie Mangroven im Sumpf stehen, und über stille Seerosenteiche mitten im Wald. Eine dschungelhafte Wildnis aus Wald und Wasser, die an die Everglades erinnert oder an den Amazonas.

Wieder im Reisemobil geht es durch Kiefernwald und Blumenwiesen nach **Templin,** das mit alten Stadttoren, Museen und wunderschönen Fachwerkhäusern begeistert. Dahinter beginnt das weitläufige und äußerst dünn besiedelte Wald- und Heidegebiet des **Biosphärenreservats Schorfheide.** Mit einer Fläche von 830 km² ist es das größte Reservat Deutschlands. Schmale Teersträßchen und abenteuerliche Sandwege durchziehen die endlos wirkenden Kiefernwälder. Einen Einblick in die reichhaltige Tierwelt des Reservats bietet der in herrliche Landschaft eingebettete Wildpark Schorfheide, nur wenige Kilometer nördlich von Groß Schönebeck.

Schließlich fährt man am Ufer des idyllischen Werbellinsees entlang den letzten Höhepunkten der Tour entgegen. Zunächst zur berühmten **Klosterruine Chorin** aus dem 13. Jh., die zu den wertvollsten Bauten der norddeutschen Backsteingotik gehört. Dann zum monumentalen **Schiffshebewerk von Nieder-Finow.**

Deutsche Alpenstraße

Überblick

Art
Bergstraße.

Länge
Zirka 500 km.

Verlauf
Von Lindau bis Berchtesgaden zum Königssee.

Höhe
Meist zwischen 700 und 1000 m; max. 1600 m.

Beste Zeit
Herbst/Winter (aber auch ganzjährig möglich).

Landschaft
Sehr reizvolle und abwechslungsreiche Alpen- und Voralpenlandschaft mit zahlreichen Seen, Wäldern, Bergwiesen, schroffen Felsgebirgen, Schluchten, Wildbächen und malerischen Bergdörfern und -städtchen.

Besonderheiten
Meist kleine, kurvenreiche Landstraßen und zahlreiche Serpentinenstrecken mit weiten Ausblicken, teils erhebliche Steigungen; mehrere Pässe, streckenweise schmale Sträßchen durch unberührte Bergwildnis (Nebenstrecken z. T. im Winter nicht gestreut).

Die Rossfeld-Höhenringstraße ist die am höchsten gelegene Straße Deutschlands – eine bis auf 1600 m ansteigende Ringstraße durch ein faszinierendes, hochalpines Landschaftsschutzgebiet mit Panoramablicken in alle Himmelsrichtungen.

▶ *Tolles Panorama an der Alpenstraße*

043wr Abb.: rh

Informationen

- **ARGE Deutsche Alpenstraße,**
  Nördliche Hauptstr. 1–3, 83700 Rottach-Egern,
  Tel. (08022) 9 27 37–0, Fax –50,
  www.german-alpine-road.com

Literaturtipps

- Rainer Höh und Ch. Prager, **Deutsche Alpenstraße,** Motorbuch Verlag, Stuttgart, 1997
  Derzeit nur noch antiquarisch erhältlich.

Route

Lindau - Lindenberg - Immenstadt - Sonthofen - Füssen - Steingaden - Oberammergau - Garmisch Partenkirchen - Mittenwald - Kochel - Bad Tölz - Tegernsee - Schliersee - Bayrischzell - Brannenburg - Bernau - Reit im Winkl - Ruhpolding - Bad Reichenhall - Königssee

Geschichte

Als älteste deutsche Ferienstraße wurde die Deutsche Alpenstraße schon Anfang des 20. Jh. geplant, dann aber wegen des 2. Weltkriegs nie ganz vollendet und bis heute nicht durchgehend ausgebaut.

Erst vor wenigen Jahren wurden die ARGE Deutsche Alpenstraße gegründet und der Routenverlauf neu festgelegt. Bis dahin war man z. T. schmalen, aber meist sehr reizvollen Mautsträßchen gefolgt. Es hatte keine Ausschilderung, kein eigenes Symbol und keinen zuständigen Fremdenverkehrsverband gegeben, bei dem man Informationen über diese Route hätte bekommen können.

Ungewöhnlich ist auch die Geschichte der Rossfeld-Höhenringstraße, deren Bau im Zweiten Weltkrieg begonnen wurde und die seit 1952 bis heute die einzige „Bundes-Privatstraße" ist.

044wr Abb.: rh

▲ Traumland für Womo-Reisende: Die USA mit ihren zahlreichen Nationalparks, Canyons und atemberaubenden Landschaften. Hier: im Zion-Nationalpark

006wr Abb.: rh

Anhang

Literaturtipps

- ***ADAC Stellplatzführer Deutschland 2006,***
  1200 Übernachtungsmöglichkeiten (weitere Stellplatzverzeichnisse s. S. 27)
- *Reinhard Schulz,* ***Allgemeines Wohnmobil Handbuch,***
  312 Seiten, Womo-Verlag 2002, ISBN 392884055X
- *Hans F. Schwarz,* ***Das Reisemobil-Bordbuch. Kauf – Miete – Technik – Zubehör,***
  Claus-Detlev Bues, gebundene Ausgabe, 222 Seiten, Motorbuch Verlag Stuttgart 2000, ISBN 3613020262
- *Bernd Büttner,* ***Fernreisen mit dem eigenen Fahrzeug,***
  Reise Know-How Verlag 2001, ISBN 3831710090
- *Rainer Höh,* ***GPS-Navigation für Auto, Motorrad, Wohnmobil,*** *240 Seiten, Reise Know-How Verlag 2002, ISBN 3831710902*
- *Rainer Höh,* ***Wohnmobil-Reisen USA,*** *broschiert, 206 Seiten, Reich Verlag, Luzern 1999, ISBN 3724303491*
- *Randolf Unruh, Adi Kemmer (Hrg.),*
  Mobile richtig kaufen, *broschiert, 144 Seiten, Hallwag Verlag 1999, ISBN 3828303331*
- *Franz Konz, Friedrich Borrosch,* ***Das große Reisemobil-Bordbuch,*** *broschiert, 544 Seiten, Droemer Knaur 1999, ISBN 3426822334*
- *John Steinbeck,* ***Die Reise mit Charley. Auf der Suche nach Amerika,*** *303 Seiten, Zsolnay Verlag 2002, ISBN 3552051902*
  Höchst empfehlenswerter literarischer Reisebericht des „Wohnmobil-Urvaters" und Nobelpreisträgers John Steinbeck, voller ironischer Beobachtungen und skurriler Begegnungen. 1960 durchreist der 58-Jährige in Begleitung seines Pudels Charley per Wohnmobil noch einmal 34 Staaten, um „dieses Monster-Land neu zu entdecken".
- ***Wohnmobil-Reiseführer***
  Speziell für Wohnmobil-Reisende verfasste Führer mit spezifischen Tipps zu Ver- und Entsorgung, Stellplatz-Listen, Routenvorschlägen etc. bietet u. a. die Reihe „Wohnmobil-Tourguide" des Reise Know-How Verlages.

Nützliche Internetadressen

- ***www.womoweb.de***
  Unabhängige Wohnmobil-Website mit umfassenden Infos rund ums Womo: Stellplatzlisten, Bücher, „Gelbe Seiten", Listen von Clubs, Reise-Infos, Routenplanung, Links etc.
- ***www.wohnmobil.net***
  Das Netz für alle Wohnmobilfreunde. Mit News, Infos, Diskussionsforen und Anzeigen.
- ***www.camping-club.de***
  Die Website des deutschen Campingclubs.
- ***www.camping-channel.com***
  Infos zu Camping und Wohnmobil: Campingplatzverzeichnisse, Händler & Vermieter, Zubehör, Fähren, Routenplanung, Vereine, Verlage, Versicherungen usw.
- ***www.campingforum.de***
  Verzeichnis zahlreicher Foren zum Thema Camping.
- ***www.wohnmobilreisen-online.de***
  Private Website für Wohnmobil-Traveller mit Infos über Wohnmobiltouren und alles, was sich so um das Reisen mit dem Wohnmobil dreht.
- ***www.reisemobil-union.de***
  Website der Reisemobil-Union mit internen Infos, Terminen, Links und Angeboten.
- ***www.drm.de***
  Deutsche Reisemobil Vermietungs-GmbH.
- ***www.campingannonce.de***
  Gut gemachte Website mit kostenlosem Kleinanzeigen-Markt, aber auch vielfältigen Infos zu Camping und Caravaning, Reise, Freizeit usw.
- ***www.civd.de*** *und* ***www.caravaning-info.de***
  Website des Caravaning Industrie-Verband Deutschland.
- ***www.wohnbusse.de/Home***
  Tipps zum Selbstausbau.
- ***www.ifc-consulting.de/bus***
  Tipps zum Selbstausbau von Omnibussen

Anhang

Wohnmobilhersteller und Importeure

- ***AAC,*** *Edisonstr. 13, 24558 Henstedt-Ulzburg, Tel. (04193) 899322, camping@aac-mobile.de, www.aac-mobile.de*
- ***Adria Caravan Deutschland*** *(Adriatik, Reimo), Reimo-Reisemobilcenter, Boschring 10, 63329 Egelsbach, Tel. (06103) 4005-21, verkauf@reimo.com, www.reimo.com*
- ***Ahorn Wohnmobile*** *(Elnagh, Mirage), Hof Hoffeld, 97954 Königheim-Pülfringen, Tel. (09340) 9201-0, info@ahorn-wohnmobile.de, www.ahorn-wohnmobile.de*
- ***Arca*** *(Challenger), Katzheide 2a, 48231 Warendorf, Tel. (02581) 92718-3, Fax -59, info@caravans-international.de, www.caravans-international.de*
- ***Artica Carcamper*** *(Pick-up-Wohnkabinen), Via dei Metalmeccanici 52, Z.I. Le Bocchette, 55040 Capezzano Pianore, Viareggio, Tel. +39 (584) 997507, info@artica-camper.com, Vertrieb in Deutschland: Dirkes, info@dirkes-gruppe.de, www.dirkes-gruppe.de*
- ***Bauer Wohnmobile*** *(u.a. Monocoque-Leerkabinen), Tel. (0170) 4783727, Fax (08196) 998506, bauer.wohnmobile@t-online.de*
- ***Bavaria-Camp Freizeitmobile,*** *Elias-Holl-Str. 2, 86836 Obermeitingen, Tel. (08232) 959610, Fax 959615, info@bavariacamp.de, www.bavariacamp.de*
- ***Bawemo Barnickel,*** *Sebastianstraße 27, 91058 Erlangen-Tennenlohe, Tel. (09131) 77890, Fax 604400, 09131604400@t-online.de, www.bawemo.de*
- ***Beca Reisemobile,*** *Hannoversche Straße 49 a, 28857 Syke-Heiligenfelde, Tel. (04240) 95000, Fax 95001, becamobil@t-online.de, www.becamobil.de*
- ***Berger, Fritz*** *(Mirage, Zubehör), Fritz-Berger-Str. 1, 92318 Neumarkt, Tel. (09181) 3300, Service-Hotline 01805 330-100, info@fritz-berger.de, www.fritz-berger.de*
- ***Bimobil*** *(Pick-up-Kabinen), Aich 15, 85667 Oberpframmern, Tel. (08106) 29888, Fax 29880, info@bimobil.com, www.bimobil.com*
- ***Bürstner Caravan GmbH,*** *Weststraße 33, 77694 Kehl, Tel. (07851) 850, Fax 85201, info@buerstner.com, www.buerstner.com*
- ***Burow Mobil,*** *Am Mühlanger 13, 86415 Mering, Tel. (08233) 4500, info@burow-mobil.com, www.burger-mobil.com*
- ***Camper World*** *(Triple E, Bigfoot, A, Pick-up-Kabinen), Neusser Straße 102, 41353 Jüchen, Tel. (02165) 877, Fax 1239*
- ***Carthago Reisemobilbau,*** *Gewerbegebiet, 88213 Ravensburg-Schmalegg, Tel. (0751) 79121-0, Fax 94543, info@carthago.com, www.carthago.com*

- ***Chausson-Koch Vertrieb,*** *Steinbrückstr. 15, 25524 Itzehoe, Tel. (04821) 6805-0, Fax 680521, info@koch-freizeit-fahrzeuge.de, www.koch-freizeit-fahrzeuge.de*
- ***Challenger*** *(s. Arca)*
- ***Concorde,*** *SKW Fahrzeugbau, Concorde Straße 2-4, 96132 Aschbach, Tel. (09555) 92250, Fax 922544, info@concorde-reisemobile.com, www.concorde-reisemobile.com*
- ***Cristall Reisemobile,*** *Rauchstraße 2, 88316 lsny, Tel. (07562) 97170, Fax 971740, info@cristall.de, www.cristall.de*
- ***Dethleffs,*** *Rangenbergweg 34, 88316 lsny, Tel. (07562) 987215, Fax 987218, info@dethleffs.de, www.dethleffs.de*
- ***Eifelland,*** *CA-MO Fahrzeug, H.-Knaus-Str. 1, 94118 Jandelsbrunn, Tel. (08583) 2140, Fax 2134, info@eifelland.de, www.eifelland.de*
- ***Eura Mobil,*** *Kreuznacher Straße 78, 55576 Sprendlingen, Tel. (06701) 203200, Fax 203210, info@euramobil.de, www.euramobil.de*
- ***Euro-Liner*** *(s. Müllers Motorhomes)*
- ***Fischer Wohnmobile,*** *Lembergstraße 50, 72766 Reutlingen, Tel. (07121) 44540, Fax 45842, fischer-wohnmobile@t-online.de, www.fischer-wohnmobile.de*
- ***Ford AG*** *(Nugget), Henry-Ford-Straße 1, 50735 Köln, Tel. (0221) 9033333, Fax 9032869, www.ford.de*
- ***Frankia Fahrzeugbau Pilote GmbH,*** *Berneckerstraße 12, 95509 Marktschorgast, Tel. (09227) 7380, Fax 73833, info@frankia.de, www.frankia.de*
- ***Heku Fahrzeugbau,*** *Bunzlauer Straße 6, 33719 Bielefeld, Tel. (0521) 200066, Fax 203857, info@heku-fahrzeugbau.de, www.heku-fahrzeugbau.de*
- ***Hobby Wohnwagenwerk,*** *Schafredder 28, 24787 Fockbek, Tel. (04331) 6060, Fax 606400, service@hobby-caravan.de, www.hobby-caravan.de*
- ***Hymer AG,*** *Holzstraße 19, 88339 Bad Waldsee, Tel. (07524) 9990, Fax 999220, info@hymer.com, www.hymer.com*
- ***Karmann-Mobil,*** *Kreuznacher Straße 78, 55576 Sprendlingen, Tel. (06701) 203800, Fax 203809, info@karmann-mobil.de, www.karmann-mobil.de*
- ***Knaus Caravan,*** *Helmut-Knaus-Straße 1, 94118 Jandelsbrunn, Tel. (08583) 211, Fax 2145, kontakt@knaus.de, www.knaus.de*
- ***Knaus Tabbert Group,*** *Werk Mottgers, Produktbereich Wilk/Weinsberg, Britta Breideband, Sandweg 1, 36391 Sinntal-Mottgers, Tel. (06664) 89-0, Fax 6198, f.velten@knaus-tabbert-group, www.ci-wilk.de*

- ***Laika,*** *Via B. Cellini 198, I-50028 Tavarnelle, Val di Pesa, Tel. +39 (55) 80581, Fax 8058500, laika@laika.it, www.laika.it*
- ***La Strada Fahrzeugbau,*** *Am Sauerborn 19, 61209 Eichzell, Tel. (06008) 91110, Fax 911120, info@la-strada.de, www.la-strada.de*
- ***LMC Garavan GmbH,*** *Rudolf-Diesel-Straße 4, 48336 Sassenberg, Tel. (02583) 270, Fax 27138, contact@lmc-caravan.com, www.lmc-caravan.de*
- ***Mirage*** *(s. Ahorn)*
- ***Mobilvetta Design,*** *Via di Novoli 38, I-50021 Barberino Val d'Elsa, Tel. +39 (5580) 75006, Fax 75627, mobilvetta@mobilvetta.de, www.mobilvetta.de*
- ***Müllers Motorhomes*** *(US-Mobile, Wohnwagen, Aufsetzkabinen u. a.), R.-Diesel-Str. 46, 64331 Weiterstadt, Tel. (06151) 82660, Fax 826639, info@mwom.com, www.mwom.com*
- ***Niesmann & Bischoff*** *(Flair, Clou), Cloustraße 1, 56751 Polch, Tel. (02654) 9330, Fax 933100, info@niesmann-bischoff.com, www.niesmann-bischoff.com*
- ***Nordstar Mobile*** *(Pick-up-Kabinen), Sattlerweg 4, 51789 Lindlar, Tel. (02266) 470140, Fax 470142, www.nordstar.de*
- ***Ormocar*** *(Leerkabinen, Elektrik, Zubehör u.a.), Alte Bundesstraße 29, 76846 Hauenstein, Tel. (06392) 993375, Fax 993380, info@ormocar.de, www.ormocar.de*
- ***Phoenix,*** *Schell Fahrzeugbau KG, Sandweg 1, 96132 Aschbach, Tel. (09555) 92290, info@phoenix-reisemobilde.de www.phoenix-reisemobile.de*
- ***Pilote*** *(s.Frankia)*
- ***Pössl Sport- und Freizeit,*** *Gewerbestr. 20, 83404 Ainring, Tel. (08654) 4694-0, info@poessl-mobile.de, www.poessl-mobile.de, www.globecar.de*
- ***Rapido,*** *Esterel Deutschland, Fr.-Hölderlin-Weg 17, 88471 Laupheim, Tel. (07392) 91117, Fax 911179, infos@rapido.fr, www.rapido.fr., www.ardelt.de*
- ***Reimo Center,*** *Boschring 10, 63329 Egelsbach, Tel. (06103) 400521, Fax 42064, verkauf@reimo.com, www.reimo.de*
- ***Rimor,*** *Drostenstr. 20, 48336 Sassenberg, Tel. (02583) 940462, Fax 940463, Keller-Sassenberg@t-online.de, www.freizeit-service.de*
- ***RMB Mobilbau*** *(auch Pilote), Grimmenstein 13, 88362 Woltegg, Tel. (07527) 9690, Fax 5347, info@rmb-reisemobile.de, www.rmb-reisemobile.de, www.rmb-pilote.com*

- ***Schwabenmobil,*** *Kirchheimer Str. 170, 73265 Dettingen, Tel. (07021) 50700, Fax 507070, info@schwabenmobil.de, www.schwabenmobil.de*
- ***Stauber*** *(Benimar), Hauptstraße 31, 56244 Goddert, Tel. (02626) 7351, Fax 5498, service@stauber-motorhomes.com, www.stauber-motorhomes.com*
- ***Tabbert*** *(s. Knaus-Tabbert)*
- ***T.E.C. Caravan,*** *Rudolf-Diesel-Straße 4, 48336 Sassenberg, Tel. (02583) 9306100, Fax 9306299, contact@tec-caravan.de, www.tec-caravan.com*
- ***Tischer Freizeitfahrzeuge*** *(u.a. Pick-up), Frankenstraße 3, 97892 Kreuzwertheim, Tel. (09342) 8159, Fax 5089, mail@tischer.ch, www.tischer.ch*
- ***TSL*** *(Rockwood, US-Mobile), Breniger Str. 19, 53913 Swisttal-Heimerzheim, Tel. (02254) 836280, Fax 8362820, tsl-rockwood-motorhomes@t-online.de, www.tsl-motorhomes.de*
- ***US-Vans & Motorhomes*** *(US-Mobile), Am Wilhelmshof 13, 63266 Dreieich, Tel. (06103) 68115, Fax 65215*
- ***Vario Mobil,*** *Bremer Straße 125, 46193 Bohmte, Tel. (05471) 95110, Fax 951159, info@VARIO-mobil.com, www.vario-mobil.com*
- ***Volkswagen AG*** *(California), Mecklenheidestr. 74, 30419 Hannover, Tel. (0511) 7983831, Fax 7983967, www.vw-nutzfahrzeuge.de*
- ***Weinsberg*** *(s. Knaus-Tabbert), www.weinsberg.com, www.caravania.de*
- ***Westfalia,*** *Franz-Knöbel-Str. 34, 33378 Rheda-Wiedenbrück, Tel. (05242) 15-0, Fax 15471, infoservice@westfalia-van.de, www.westfalia-van.de*
- ***Wilk*** *(s. Knaus-Tabbert)*
- ***Winnebago Europe,*** *Neuenkirchner Straße 41, 66459 Kirkel, Tel. (06849) 900613, Fax 900630*
- ***Wochner Reisemobil,*** *Robert-Bosch-Straße 12, 88677 Markdorf, Tel. (07544) 71744, Fax 72524, info@wochnermobil.de, www.wochnermobil.de*
- ***Woelcke*** *(u. a. Leerkabinen, Behindertenfahrzeuge), Schafwäsche 2, 71296 Heimsheim, Tel. (07033) 390994, Fax 390982, woelcke.reisemobilbau@t-online.de, www.woelcke.de*
- ***Zooom Reisefahrzeuge,*** *Augsburger Str. 33, 82291 Mammendorf, Tel. (08145) 951200, Fax 951202, info@zooom.biz, www.berlingo-zooom.de*

NEU: WOHNMOBIL-TOURGUIDES

Die neuartigen Reiseführer geleiten sicher zu spektakulären Naturphänomänen, idyllischen Picknickplätzen, erlebenswerten Städten und touristischen Höhepunkten. Sie wurden speziell auf die Bedürfnisse von Wohnmobilisten zugeschnitten und sind dank ihrer großzügigen Ausstattung unterwegs besonders angenehm nutzbar.

- Günstige Anreiserouten
- Detaillierte Tourenbeschreibungen
- Interessante Citybesuche vom sicheren Parkplatz aus
- Alle Stellplätze und Campings mit GPS-Daten und ausführlichen Beschreibungen
- Viele Picknick- und Parkplätze
- Ver- und Entsorgungspunkte entlang der Strecke
- Ratschläge zu Sicherheit und Pannenhilfe
- Praktische Reisehinweise von A bis Z
- Tipps für Wanderungen und andere Urlaubsaktivitäten
- Genaue Landkarten und Stadtpläne
- Kleine Sprachhilfe mit Womo-Wortschatz
- Viele stimmungsvolle Farbfotos

Rainer Höh
Die schönsten Routen durch die Provence
240 Seiten, über 100 Fotos

Peter Höh
Die schönsten Routen durch Sardinien
304 Seiten, über 130 Fotos

Ebenfalls erschienen: „Die schönsten Routen durch Kroatien"

REISE KNOW-HOW Verlag, Bielefeld

Europa

Prag
Provence
Provence, Templer
Provence, Wohnmobil-Tourguide
Pyrenäen

Rhodos
Rom
Rügen, Hiddensee
Ruhrgebiet
Rumänien, Moldau

Sächsische Schweiz
Salzburg
Sardinien
Sardinien, Wohnmobil-Tourguide
Schottland
Schwarzwald, südl.
Schweiz, Liechtenstein
Sizilien
Skandinavien - Norden
Slowakei
Slowenien, Triest
Spaniens Mittelmeerküste
Spiekeroog
St. Tropez und Umgebung
Südnorwegen, Lofoten
Südwestfrankreich
Sylt

Teneriffa
Tessin, Lago Maggiore
Thüringer Wald
Toscana
Tschechien

Umbrien
Usedom

Venedig

Wales
Warschau
Wien

Zypern

Edition RKH

Durchgedreht – Sieben Jahre im Sattel
Eine Finca auf Mallorca
Geschichten aus dem anderen Mallorca
Mallorca für Leib und Seele
Rad ab!

Praxis

Aktiv Algarve
Aktiv Andalusien
Aktiv Dalmatien
Aktiv frz. Atlantikküste
Aktiv Gardasee
Aktiv Gran Canaria
Aktiv Istrien
Aktiv Katalonien
Aktiv Marokko
Aktiv Polen
Aktiv Slowenien
All inclusive?
Bordbuch Südeuropa
Canyoning
Clever buchen, besser fliegen
Clever kuren
Drogen in Reiseländern
Feste Europas
Fliegen ohne Angst
Frau allein unterwegs
Fun u. Sport im Schnee
Geolog. Erscheinungen
Gesundheitsurlaub in Dtl. Heilthermen
GPS f. Auto, Motorrad
GPS Outdoor
Handy global
Höhlen erkunden
Hund, Verreisen mit
Inline Skating
Inline-Skaten Bodensee
Internet für die Reise
Kanu-Handbuch
Kartenlesen
Kommunikation unterw.
Kreuzfahrt-Handbuch
Küstensegeln
Marathon-Guide Deutschland
Mountainbiking
Mushing/Hundeschlitten
Nordkap Routen
Orientierung mit Kompass und GPS
Paragliding-Handbuch
Pferdetrekking
Radreisen
Reisefotografie
Reisefotografie digital
Reisen und Schreiben
Reiserecht
Respektvoll reisen
Schutz vor Gewalt und Kriminalität
Schwanger reisen
Selbstdiagnose unterwegs
Sicherheit Meer
Sonne, Wind, Reisewetter
Spaniens Fiestas

Praxis, KulturSchock

Europa

Sprachen lernen
Survival-Handbuch Naturkatastrophen
Tauchen Kaltwasser
Tauchen Warmwasser
Trekking-Handbuch
Unterkunft/Mietwagen
Vulkane besteigen
Wandern im Watt
Wann wohin reisen?
Wein-Reiseführer Deutschland
Wein-Reiseführer Italien
Wein-Reiseführer Toskana
Wildnis-Ausrüstung
Wildnis-Backpacking
Wildnis-Küche
Winterwandern
Wohnmobil-Ausrüstung
Wohnmobil-Reisen
Wracktauchen
Zahnersatz, Reiseziel

KulturSchock

Familenmanagement im Ausland
Finnland
Frankreich
Islam
Leben in fremden Kulturen
Polen
Rumänien
Russland
Spanien
Türkei
Ukraine
Ungarn

Register

Bildnachweis: *Die Kürzel an den Abbildungen stehen für folgende Personen, Firmen und Einrichtungen. Wir danken für die Abdruckgenehmigung.*

la *Laika Caravans, www.laika.it*
rh *Rainer Höh*
rm *RMB Pilote GmbH, www.rmb-pilote.com*
tr *Truma Gerätetechnik, www.truma.com*
va *Vario mobil Fahrzeugbau GmbH, www.variomobil.de*
wg *Wynen Gas*

045wr Abb.: rh

Der Autor

Rainer Höh, 1955 geboren, ist durch seine Bücher und Artikel zu Outdoor-Themen bekannt.

Seit nunmehr über 15 Jahren ist er aber auch für verschiedene Wohnmobil- und Allrad-Zeitschriften tätig. Er hat ein Buch zum Thema „Wohnmobil-Reisen in den USA" verfasst und zusammen mit seinem Bruder Peter eine Reihe spezieller Wohnmobil-Reiseführer herausgebracht. Für die REISE KNOW-HOW PRAXIS-Reihe verfasste er neben zahlreichen Outdoor-Büchern u. a. das „Handbuch Wohnmobil-Ausrüstung" und den Titel „GPS Navigation für Auto, Motorrad und Wohnmobil".

Schon während der Schulzeit unternahm er ausgedehnte Wanderungen in Lappland sowie Kanutouren und Floßreisen in Kanada und Alaska. An einem Nebenfluss des Yukon baute er 1979 eine Blockhütte, in der er als Einsiedler hauste, bis der Grizzly kam.

Als er Anfang der 80er Jahre eine Familie gründete, musste er nach neuen Reisemöglichkeiten suchen, um auch mit kleinen Kindern und einem Minimum an Komfort flexibel und naturnah reisen zu können. Dabei entdeckte er das Wohnmobil. Zunächst war es ein einfacher VW-Bus, der durch eine Matratze, Klappmöbel und einen Spirituskocher zum „Reisemobil" aufgebessert wurde. Wenige Jahre danach folgte der Selbstausbau eines gebrauchten Peugeot-Kastenwagens mit Serienhochdach und langem Radstand – und als die Familie weiter wuchs schließlich ein geräumiges Alkoven-Reisemobil.

Auch für den Beruf als Reisejournalist erwies sich die mobile Wohnung rasch als unverzichtbar: für Messen und Veranstaltungen, für die Arbeit unterwegs und um flexibel recherchieren zu können.

Mit seinem eigenen Mobil bereiste der Autor zu allen Jahreszeiten Europa vom Mittelmeer bis zum Polarkreis und von Irland bis zum Baltikum. Und mit gemieteten Motorhomes und Pick-up-Campern entdeckte er auf ausgedehnten Reisen verschiedene Teile der USA: von den Wüsten und Canyons des Südwestens über die Wälder und Küsten Neuenglands bis in die polare Region Alaskas.